风雨北大
水木清华

阿忆 著

民主与建设出版社 博集天卷 CS-BOOKY
·北京·

—风雨北大—水木清华—

目录

CONTENTS

北大：从京师大学堂起步

—风雨北大—水木清华—

目录

CONTENTS

清华：
从工字厅说起

——风雨北大——水木清华——

北大：
从京师大学堂起步

按照光绪的意思，京师大学堂不仅是国家最高学府，还是国家最高教育行政机关，它的方针是“中学为体，西学为用，中西并用，观其会通”。

老园子的变迁

北京景山公园东门外有一条极普通的小胡同，不过你可不要小看它。人民教育出版社曾在这里办公多年，它的那扇铁栅栏门两百多年前曾是朱漆灰瓦，典雅尊贵，里面住着乾隆皇帝的四公主和驸马。一百年前，慈禧太后下令把这里划给了京师大学堂，这座大宅院于是成了北京大学的摇篮。

这里曾是驸马府，和嘉公主生活的地方，不知为什么，老北京一直称它为“和嘉公主府”。帝制时代，公主住在公主府，驸马想跟公主亲热必须请公主宣召，这种烦琐的君臣手续让大多数驸马与公主貌合神离。但乾隆的四公主与众不同，她像是革新派，直接住进了驸马府。她和驸马恩爱有加，生了好几个子女。但他俩命都不长，驸马活了不到 50 岁，公主只活了 22 岁。于是，这座具有革新气质的大宅院被冷落了一个多世纪。

当清朝由盛世转入末世，中兴祖业成了黄粱一梦。1896 年，刑部左侍郎李端棻上奏光绪皇帝，第一次求设“京师大学堂”。两年后，光绪戊戌变法，任命自己的老师孙家鼐做京师大学堂第一任管学大臣，这便是北大第一任校长。那段时间，《京报》几乎天天登载孙家鼐关于京师大学堂的奏折，这所大学的营建成了文人圈中最热门的话题。

京师大学堂匾额

按照光绪的意思，京师大学堂不仅是国家最高学府，还是国家最高教育行政机关，它的方针是“中学为体，西学为用，中西并用，观其会通”。光绪还接受了李鸿章和孙家鼐的举荐，任命美国传教士丁韪良博士做西学总教习。这个惊世骇俗之举让北大从一开始就打上了浓重的西学印记。

不过好景不长，戊戌变法仅仅百天，慈禧便夺了光绪的皇权。孙家鼐先是进谏反对，随后托病辞职。也就是说，学富五车的孙家鼐只做了不到三个月的空头校长，连北大校址也没能选定。侥幸的是，慈禧废止了戊戌变法的一切，唯独留下了美国传教士担任西学总教习的京师大学堂。京师大学堂不仅被留下，而且加速筹建。后来，慈禧把沙滩后街空闲了一个世纪的驸马府拨给了京师大学堂。

京师大学堂旧址，此院原为驸马府

1901 年，京师大学堂西学总教习丁韪良（居中的美国人）和教员在北京和嘉公主府合影

北大首次招生，在1898年最后一天正式开学。

戊戌变法失败，北大丝毫未损，直到八国使馆卫队进京，北大才第一次倒了霉。慈禧不得不下令停办大学堂，然后逃往西安，驸马府成了俄国兵和德国兵的兵营。谈判成功已是1902年，慈禧回到北京，恢复京师大学堂，任命重臣张百熙做管学大臣。

孙家鼐

张百熙聘请了一批学问家掌管北大，桐城派名家吴汝纶是总教习。此时，总理各国事务衙门改组成外务部，它四十年前创办的同文馆并入京师大学堂，改称“译学馆”。严复因翻译《天演论》名扬四海，林纾翻译《茶花女》，名声更大。张百熙任命严复做京师大学堂译书局总办，林纾做副总办。译书局就是北大出版社的前身。

1912年，帝制瓦解，为了让瘫痪的大学堂恢复生机，袁世凯提升严复做京师大学堂总监督兼文学院院长。三个月后，教育总长蔡元培呈报袁世凯，提议京师大学堂更名为“北京大学”，总监督改称“校长”，并请严复继续担任校长。袁世凯当天签署命令，“北大”二字自此而成。

国立北京大学校门

北大举行了盛大的开学典礼，蔡元培、严复、外籍教授们都显得格外高兴。不过，严复在北大工作的时间不长，他因与教育部的矛盾越来越大，不久便辞职了。

1916 年，北大代理校长兼工学院院长胡仁源亲手设计了著名的红楼，地点就在驸马府西边不远的“沙滩儿”。两年后，红楼落成，校长已换成蔡元培。在当时的京城，四层的建筑格外显眼，因为楼身是红色的，老北京人管它叫“北大红楼”。

现代人已经不大知道，北大不止一座红楼，红楼只是老北大四个主要教学区中的一个。红楼前，笔直地横过一条碎石马路，过去叫“汉花园大街”，而红楼所在的院落过

20 世纪 50 年代的北大红楼

现存的北大红楼
（图片来源：mary416/站酷海洛）

去一直叫“汉花园”，也就是北大文学院所在地。

红楼文学院建成后，驸马府只剩下北大理学院。

红楼东侧曾经有一条小河，刘半农教授叫它“北大河”，河的东岸叫“东河沿儿”，河的西岸却叫“北河沿儿”。不过后来，小河被填平了。58 路公共汽车线路上还曾有一站叫“骑河楼”，可以想见，当年一定有一座独具匠心的小楼浪漫地骑跨在北大河之上，左脚站在东河沿儿，右脚落在北河沿儿。

坐落在骑河楼的民政部大院清朝时是京师大学堂同文馆，后来是北大法学院。蔡元培做校长时，法学院的拱形门里设有北大学生储蓄银行，目的是增进学生的理财能力，由经济系教授马寅初兼任学生银行顾问。

过去，北大老灰楼南边是大操场，再往南便是红楼。灰楼是研究生宿舍，由三座楼组成，像是差了一笔的“口”字。如此建造据说是为了控制学生，灰楼一共八个楼门，依次是“天”“地”“玄”“黄”“宇”“宙”“洪”“荒”，也就是《千字文》的前两句，但八个楼门中，通向外界的只有“地门”和“黄门”，因此，一旦学生开始骚动，学校只要堵住这两个楼门，灰楼便会与外界隔绝。

老灰楼南边的大操场是 1919 年“五四运动”的策源地。1947 年，北京学生运动再次从这里推向全国，矛头直指国民政府。从那时开始，大操场改名为“民主广场”。不过今天，广场已经不广了，北大早已搬离红楼，远迁海淀中关村，这个广场现在挤满了大大小小的简易楼。

抗战爆发后，北大流亡长沙和昆明。1946年内战前夕，北大搬回汉花园大街，此时，国共剑拔弩张，已是决战关头。

后来，汉花园完好保存下来的除了红楼，还有一个院落。它是校长办公室，蔡元培、蒋梦麟、傅斯年、胡适都曾在这里主持校政。每年春天，这里花树依旧，只是踩踏落花的主人不再是北大校长，而是文化部历届部长和副部长。

北京人管汉花园大街西段叫"沙滩儿"，不过现在，御河冲积出来的那一小块沙滩儿

北大二院，左为生物楼，右为数学楼，荷花池中立有一日晷

司徒雷登

早已无影无踪，“沙滩儿”只不过是北京人含混不清的记忆。不过北京人都知道，“沙滩儿”是一个很小的地方，北大需要更大的空间。

1952 年，中国高校进行了一次空前大调整。北大从散落汉花园大街的三处老园子向偏远的西北方向迁去，只留给汉花园大街一个新名字——五四大街。汉花园校长办公处给了文化部，红楼给了国家文物局，民主广场给了中国作家协会，而京师大学堂驸马府划归人民教育出版社，理学院宿舍变成了中宣部家属的大杂院，北河沿儿拱形门里的法学院则归了民政部。

二百多年前，北大的未名湖并不叫“未名湖”，叫“淑春园”，是圆明园的一部分，乾隆把它赐给重臣和珅，和珅便在这里大兴土木。那里曾经有 64 座楼宇、上千间房屋、357 个亭阁，可惜在 1860 年，圆明园被纵火打劫，淑春园也没能幸免，只留下湖心岛东侧的石舫底座，还有南边小山坡上的临风待月楼。于是，淑春园就在这里等待着，等待着燕京大学的到来。

1919年，美国教会筹建“燕京大学”，他们选中司徒雷登做校长，路思做副校长，地址就在淑春园。

路思一上任，很快筹得160万美元作为首期建设款。他建议，燕大建筑的外观设计采用中国风格，内部配备西方设施。司徒雷登是美国传教士，却在杭州出生，他喜欢中国风格，对路思的建议大为赞赏，于是他请来非常欣赏中国建筑的美国建筑大师墨菲，让他做燕大校园的总设计师。

墨菲觉得，燕大主轴线应该斜指小湖东侧的某座塔，燕大主建筑和这片小湖都应该

燕京大学俯瞰图

放在这条主线上。他从玉泉山古塔那里获得了灵感，便在湖东建造了著名的博雅塔。

此后，司徒雷登求爷爷告奶奶，先后从陕西督军陈树藩手中买下勺园，从原总统徐世昌那里买下镜春园，从东北边防军统帅张学良上将那儿买下蔚秀园，又从爱新觉罗·载涛那里买来朗润园，使燕大校园一次次扩张。

1929年夏天，燕大名师谢婉莹（冰心）与留美归来的吴文藻博士在燕大临湖轩举行婚礼

1931年，燕大在临风待月楼庆祝建校十周年，冰心教授提议，不如将在昔日临风待月楼废墟上建起来的建筑命名为“临

湖轩”，这个建议立即得到赞同。而临湖轩脚下的未名湖得名于燕大教授钱穆。

在院校大调整中，燕京大学永远消失了，只留下一个温馨又怀旧的名字——燕园。直到20世纪90年代中期，这片老园子还因为远离北京城区的喧嚣显得宁静又美丽。

1952年，北大告别汉花园、驸马府、北河沿儿拱形门，搬进燕大这片老园子。西什库的北大医学院和罗道庄的北大农学院各自独立，后扩充成“北京医科大学”和“中国农业大学”。与此同时，祖家街的北大工学院并入清华，清华文学院、理学院，燕大文、理各系并入北大。从此，燕京大学不复存在，融于北大之中。

进入北大西门，可见草坪上竖立着两座华表。这可是真家伙，绝不是仿制品。它们原来在圆明园安佑宫，建设燕大时被美国人移到了这里。

华表始建于尧，不过尧在世时，华表并不是现在这个样子。那个时候，华表叫“诽谤木”，是木头做的，竖着一大根，顶端横着一小根，黎民百姓对领袖有什么意见，就拿锐器刻在木头上。诽谤木也是路标，尧派人把它立在大路口，给世人指路。

华表顶端蹲着的那只动物名叫“望天犼”，是龙的九个儿子之一。华表放在皇宫里面，犼冲着北方，叫“望君出”，劝诫皇帝不要老待在宫内寻欢作乐，应多出宫体察民情。华表放在宫外，犼冲着南方，叫“望君归”。君王如果在宫外游历太久，望君归就会呼唤君王回宫理政。1952 年，北大告别汉花园的民主广场，汇集华表之下。不过无论在哪儿，北大关注社会的天性，一百年来，从未改变。

此时幸遇先生蔡

国子监是中国古代最高学府，但只学习儒家经典。直到戊戌变法，改革派为了宣扬新知创建“京师大学堂”，这才有了新的最高学府。改革派领袖梁启超代表军机处和总理衙门草拟了一份办学章程，明文规定“中西并用”，而且专门设置了外语课程，规定三十岁以下者必修一门外语。

1902 年，在慈禧和管学大臣的支持下，京师大学堂恢复运行，清朝政府每年拨发二十万两白银，其余费用由各省分摊。各省保送学生入学，要为他们治装、出路费、提供全额奖学金。总之，衣食住行全是公费，毕业相当于科举进士。当然，在学习西学的同时，他们必须尊孔读经。

不过，京师大学堂毕竟是改革的产物，学生们自认为应该继承太学传统，以天下兴亡为己任。1903 年，俄国向清政府提出领土要求，侵占中国东北地区。京师大学堂学生不顾高压，集会抗议，组织“抗俄铁血会”。他们要学古代太学生“伏阙上书”，这便是北大历史上第一次学生运动。从此以后，北大总是跟政治风潮密不可分。

同年，京师大学堂派出第一批留学生。1905 年，国子监被裁撤，科举制度被废除，京师大学堂完完全全成为晚清唯一的最高学府，设有经、法、文、格致、农、工、商七科。此外，它还负责管理其他学校，编译教科书，绝非一般意义上的大学。

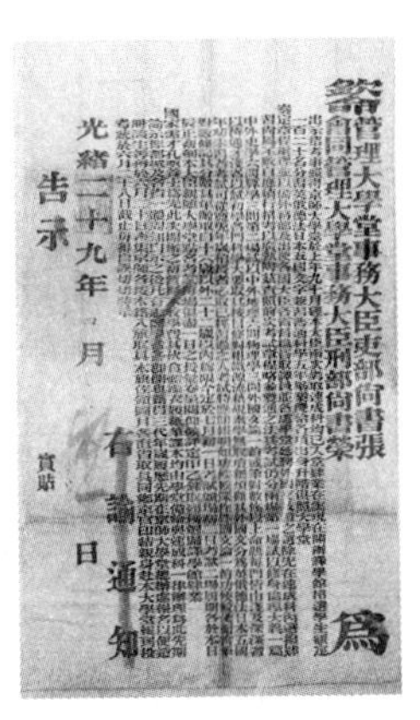
欽命管理大學堂事務大臣吏部尚書張
欽命同管理大學堂事務大臣刑部尚書榮
為
右諭通知
光緒二十九年 月 日
告示
實貼

京师大学堂 1903 年的招生布告

京师大学堂出过不少大名鼎鼎的人物，比如植物分类学在中国的奠基人胡先骕博士，还有国民政府司法总长张耀曾教授。不过，总的来说，京师大学堂还是对国子监的变种继承，许多学生是八旗贵族，每个学生带一个听差，上学只是为了升官发财。那时上体育课，老师要先给学生鞠一个躬，喊一声“老爷”，然后再恭恭敬敬地喊：“老爷，向左转；老爷，向右转！”

除了校政陈腐，经费不足也是大问题。严复当校长的时候，教育部以缺少经费和管理不善为由，建议停办北大。年近六十的严复四处奔走，筹措资金，才使北大得以维持。

严复对北大进行了初步改革，废除尊孔读经。不过，蔡元培执掌北大之前，北大并不是新思想和新文化的中心，而是学生们升官发财的一截梯子。蔡元培的贡献在于，他把改革不彻底的北大变成了学术至上的大学，每年通过择优录取的方式获得合理的求学者。如今这种勤学苦读的场面早在八十年前就已经形成，这正是蔡元培校长苦心经营的成果。

常常光顾八大胡同的大多是“两院一堂”的人。八大胡同是老北京的花街柳巷，“两院”指的是民国参众两院，“一堂”指的就是京师大学堂！

——历史学家顾颉刚

1903 年，京师大学堂重要教职员合影

严复辞职三年后，北大校长换了两位，不过北大还是北大，师生们一边教书学习，一边逛八大胡同，一边还关心着政治。

严复

从洋务运动、戊戌变法到袁世凯称帝，一直盛行一种思潮——想通过国家的力量、强权的力量最大限度地实行社会总动员，建立一个统一、富强、独立的国家。这么一条思路，我们把它叫作“国家主义思潮”。也就是为了国家的独立和富强，必须牺牲个人的自由。在这样的背景下，“尊孔教”被提了出来。

——北大中文系教授钱理群

1908年，鲁迅在《文化偏至论》中讨论怎样实现国家现代化，认为光有国会不行，光有物质不行，要“立人”，而且要“任个人而排众数”。鲁迅这篇文章发表后，个人主义思潮和科学精神暗暗涌动，开始动摇专制原则。

1913年，中国出现了一次留美高潮。两年后，留学生创办《科学》杂志，第一次使用横排版，第一次使用标点符号。陈独秀在《爱国心与自觉心》中批判传统的“国家观”，提出既要有爱国心，也要有自觉心，他认为必须兴办杂志。

李大钊比较法俄革命后认为法国革命是“国家主义”，俄国革命是“爱人”，中国应该走俄国道路。留美学生胡适也写文章说，一个国家没有军舰不要紧，但不能没有大学。

戊戌变法刚刚失败的时候，蔡元培就已经认定靠光绪皇帝没法振兴中国，应该为未来培养大批人才，于是他辞去翰林头衔，下江南，兴办新式教育，从此跟教育结下一生之缘。1912 年，蔡元培出任教育总长，后因袁世凯越来越专权，他决定退出内阁。四年后，袁世凯病逝，远在欧洲的蔡元培接到教

任命狀

任命蔡元培為北京大學校長此狀

黎元洪

范源廉

1916 年，黎元洪任命蔡元培为北京大学校长，此为任命状

育总长的电报，希望他担任北大校长。这是蔡元培施展远大抱负的良机，但他同时面临着严峻的挑战。

《新青年》杂志封面

北大的校政腐败远近闻名，有人反对蔡元培介入是非之地，吴稚晖和汪精卫就是反对的一方。当蔡元培邀请他俩同来北大相助时，两人明确拒绝。

支持蔡元培的只有孙中山。要想让死气沉沉的北方策应南方革命，北大能否转变事关重大，所以孙中山竭力主张蔡元培立即赴任！

1917 年 1 月 4 日是蔡元培到任的第一天。北大校工在驸马府列队行礼，蔡元培一反先前校长目中无人的老爷派头，脱下礼帽，向校工庄重鞠躬，这使校工和学生们大为惊讶。

蔡元培首先要为北大物色一位文学院院长，他决定聘请陈独秀。

陈独秀因为宣扬新思想和新文化名声大噪。蔡元培入主北大的时候，陈独秀刚好进京，住在前门中西旅馆。蔡元培三顾茅庐，执意邀请，陈独秀终于答应来北大试试，也把《新

辜鸿铭

青年》杂志一并带进了北大。

蔡元培是国民党元老，他也许预料到陈独秀会成为新文化运动的旗手，但他一定没有想到，陈独秀不仅是五四运动的总司令，还缔造了中国共产党。

1917 年左右，蔡元培担任北大校长。自他担任校长后，一批精英知识分子集中到了北大。蔡元培经别人推荐聘请了陈独秀做文科学长，陈独秀又推荐了胡适，章士钊又向蔡元培推荐了李大钊。

——北大中文系教授钱理群

蔡元培“兼容并包”，不计门派。辜鸿铭、黄侃、刘师培思想守旧，但旧学深厚，蔡元培聘请他们在北大讲学，只要他们不鼓吹复辟。

蔡元培聘请辜鸿铭讲西方文学，这个身穿枣红马褂、留着小辫子的文化怪人，守旧偏激，但学生们仍能从他的言论中感受到赤子之心。蔡元培对学生说，希望你们学辜鸿铭先生的英文和刘师培先生的国文，但不要像他们那样拥护复辟。

蔡校长聘请梁漱溟做哲学系教授，同样不拘一格。梁漱溟只有23岁，没上过大学，自修的印度哲学。蔡元培让这位只有中学文凭的年轻人在北大哲学系执教，造就了一颗学术明星。

实际上，20世纪20年代的时候，中国整个知识分子精英群体都集中在北大，它所形成的"北大精神"实际上在某种意义上代表了现代中国知识分子的某种精神。或者说，北大精神代表了整个中国现代知识分子，它树立了基本的范式。

——北大中文系教授钱理群

在中国的大学里面，相对来说有独立风格的北大是最显眼的。不见得北大出来的人都比别的地方强，但北大人走到哪儿都认得出来。

——北大中文系教授陈平原

对比一下20世纪初的上海和北京，新文化运动似乎应该在上海爆发，但事实上最后发生在北京。或许，只是因为北京有蔡元培的北大。1918 年 12 月 17 日，北大二十周年校庆，为了二十年来第一次校庆，吴梅教授谱了校歌，校歌最后一句歌词是：“喜此时幸遇先生蔡，从头细揣算，匆匆岁月，已是廿年来。”

五四运动

1917年，美国哥伦比亚大学博士生胡适为《留学生季报》写了一篇文章《文学改良刍议》，提出用白话文代替文言文，没什么反响。后来，胡适把它抄录了一份，寄给北大文学院院长陈独秀，发表在《新青年》杂志上，没想到石破天惊，成了新文化运动的发难文章。紧接着，陈独秀在《新青年》上发表《文学革命论》。第二年，周树人第一次用“鲁迅”的笔名发表了中国文学史上第一篇白话文小说《狂人日记》。此前此后，这些人会聚北大，终于把旧北大变成新思想的传播中心。

1918年，北大一共有九十位教师，平均年龄30岁出头，其中刘半农和胡适27岁，徐宝璜只有24岁。非常有趣的是，当时北大的本科生平均年龄也是24岁。这年秋天，蔡元培校长委托徐宝璜创建“北大新闻学研究会”，北大图书馆助理员毛泽东一边在哲学系做注册旁听生，一边听徐宝璜的课程，此时的毛泽东25岁。

蔡校长倡导“平民教育”，世人皆可在北大自由听讲，以至于北大的旁听生一样人才辈出。后来官至政协全国委员会副主席的大作家茅盾是北大预科生；中国社会科学院历史研究所研究员沈从文是旁听生；柔石、胡也频、李伟森、曹靖华也是旁听生，曹靖华后来成为著名的俄苏文学翻译家，常年担任北大俄语系主任。

蔡元培

蔡元培还为工人阶级创办了“校役夜班”和“平民夜校”，提出“劳工神圣”的口号。1918 年冬天，北大在天安门举行“庆祝第一次世界大战胜利演讲大会”，蔡元培发表《劳工神圣》演说。在他的邀请下，马寅初、陈独秀、李大钊、胡适纷纷发表演讲。蔡校长把这一系列演讲活动，称为中国“平民大学的起点”。

在蔡元培的支持下，国文门（后来的中国文学系）学生邓中夏和外文系学生许德珩等人组织了“平民教育讲演团”。实际上，蔡校长并不赞同学生参与政治运动，他主张“潜修”，以备未来报效国家。不过，这并不意味着他能容忍政府镇压学生。

在第一次世界大战中，中国是战胜国，国人沉浸在胜利的喜悦之中，但喜气洋洋的中国人并不知道，中国并不会因为是战胜国

胡适

就拥有和西方列强同等的权益，这成了五四运动的导火索。

外交总长陆徵祥作为中国首席代表前去参加巴黎和会。他没能说服西方列强抵制日本，把德国战前在山东的权利收回。1919 年 5 月 1 日，陆徵祥回电请求处分，同时说，如果不签署这个吃亏的条约，对以后撤废领事裁判权、取消庚子赔款、关税自主都非常不利。京城一时传言四起，痛骂日本的同时，也指斥过去和日本人谈判过的交通总长曹汝霖、驻日公使章宗祥和币制局总裁陆宗舆，说他们卖国通敌。

5 月 2 日，外交委员会事务长林长民，在《晨报》和《国民公报》上撰文，呼吁“胶州亡矣，山东亡矣，国不国矣”“国亡无日，愿合四万万民众誓死图之”。

每年 5 月 7 日，北大都要搞“国耻”纪念，声讨袁世凯派曹汝霖、章宗祥、陆宗舆跟日本谈判“二十一条”。如此，北大学生本来就议论纷纷，计划去天安门示威，得知巴黎和会上外交失败，更是急迫地想保全山东权益。

5月3日傍晚，北大学生在法科大礼堂召开“学生会”，邀请13所中等以上的北京学校代表参加。在北大新闻学研究会导师邵飘萍报告了巴黎和会的前后经过之后，有的学生痛哭失声，有的上台慷慨陈词。法科学生谢绍敏，扯下衣襟，咬破手指，用鲜血写下“还我青岛”四字。最后，许德珩起草了一份宣言，号召游行示威。

5月3日这个大会，在北大三院召开。会上同学们情绪激昂，决定在第二天举行示威游行。以北大学生为主的北京高校学生有三千多人，他们齐聚天安门广场，高呼“外争国权、内惩国贼”“废除二十一条”“还我青岛”等口号。

——北大原副校长沙建孙

巴黎和会上的中国代表

5 月 4 日下午两点，蔡校长拦在汉花园文学院的大门口，但没能劝住学生。

在傅斯年的指挥下，三千多名学生从四面八方会集到天安门，集会演说。

步兵统领李长泰赶到天安门，劝说学生解散，学生们置之不理，高呼着“打倒卖国贼”向东交民巷使馆区进发。教育部派人劝阻，也被拒绝。随后，京师警察厅总监吴炳湘亲自前往拦阻，仍无效果。吴炳湘下令，对学生必须“文明以待”，所有警察不得带警棍，更不能带枪。

“五四”那天是星期天，学生们去使馆请愿，扑了个空，他们掉头北去，杀向东四牌楼的赵家楼，那是曹汝霖的官邸。曹宅大门被警察用石块和木板封堵了，学生们看了更加怒不可遏。他们绕屋环行，见屋后有几扇小窗，便用石头击碎。北京高师数理部学生匡互生穿窗而入，打开大门，让同学们蜂拥而入，捣毁了曹家。混乱中，学生们找到几桶汽油，烧了客厅和书房，还把章宗祥错当成曹汝霖痛打了一顿。

下午四点半，吴炳湘率警察赶到曹宅，

朝天鸣枪，学生们混乱逃离，警察拘捕了三十二名骨干，其中即有许德珩。许德珩被绑在运猪用的手推板车上，押往警察厅。许德珩后来写道：“为雪心头恨，而今作楚囚。被拘三十二，无一怕杀头。”许德珩副委员长活到100岁，一直是北大的骄傲。

5月5日，教育部责令各高校校长严厉约束学生，查明为首的滋事学生，开除其学籍。十四位大学校长开会商讨，拒绝接受命令，而且决定推派代表分别去总统府、国务院、教育部请愿，要求释放学生。校长们认为，学生是爱国的，如果爱国有罪，14所高校全体职员

“五四运动”中北洋大学的游行队伍

高君宇

情愿辞职。与此同时，14 所大学的学生宣布集体罢课。

蔡元培反对罢课，但更反对逮捕和惩罚学生。他和北大教务长马寅初联名上书："为要求释放被拘留诸同学，鄙人愿负完全责任！"6 日晚上，蔡校长走进警察厅，以身家性命担保，要求立即释放被捕学生。

7 日上午，在蔡元培为首的校长团的斡旋下，被捕学生终被释放，分别返校，学生们这才宣布复课。

北大派车去接被捕学生，蔡元培让北大师生在汉花园校门处列队，欢迎同学归校。

学生们看到，51 岁的蔡校长流着眼泪。许德珩后来回忆说："当我们出狱，由同学们伴同走进沙滩广场时，他含着眼泪强作笑容迎接我们，给我们留下深刻印象。"

让北大学生气愤的是，这样一位师长竟被高层弹压，被迫辞职离京。北大学生上书，要求下令挽留。马寅初、李大钊、哲学系教授马叙伦一同去教育部请愿，表示如果教育部不全力挽留蔡校长，北大教师"将一致辞职"。教育部顺应民意，明文挽留蔡元培。蔡元培复电国民政府，强调对学生不可以镇压，否则绝不返校。

事件本已平息，邓中夏和地质系学生高君宇 5 月 17 日又组建起“北京市中等以上学校学生联合会”，号召抵制日货，把学潮推向新高。外省学生上街游行，声援北京。19 日，北京两万五千名学生再次罢课，四处演讲，抵制日货，还组织起“护鲁义勇队”。

形势迅速在全国蔓延，许德珩率同学南下天津、济南、南京、上海。5 月 21 日，各地学联代表在上海龙华体育场开群众大会。北大代表说：“孙中山先生的革命，仅仅把

北京山东学会欢迎“五四”被捕学生归来，前排右起第七人为许德珩

大清门的牌匾换作中华门，这样的革命不算彻底，我们这次，要做彻底的革命。”恰好此时孙中山从广东负气出走，刚刚抵达上海，他告诉北大学生：“我所领导的革命，倘早有你们这样的同志参加，定能成功。”

6月3日，北大有大批学生走上街头，进行讲演。反动当局出动了军警进行大肆逮捕，第一天就有一百七十八人被捕，其中十之七八是北大学生。第二天，有更多的学生走上街头进行讲演，向群众做宣传。这一天，北洋政府出动了马队，对学生队伍进行冲击，又有七八百名学生被逮捕。但是北大学生斗争也很英勇，第三天，又有更多的学生走上街头。

——北大原副校长沙建孙

6月11日，已被北大抛弃的陈独秀来到前门外，跑上新世界游艺场三层，散发《北京市民宣言》。当晚，警察突然闯进北池子大街箭杆胡同9号，抄了陈独秀的家，逮捕了陈独秀。长沙学运领袖毛泽东在《湘江评论》上发表《陈独秀之被捕及营救》，说陈独秀被捕“无非是为着‘赛因斯’和‘克莫克拉西’”，他盛赞陈独秀是“思想界的明星”，具有“至贤至高精神”。

全国引起了很大的震动，首先是上海的六七万工人自动投入斗争，全国有20多个城市，工人罢工，商人罢市，学生罢课，这样就形成了一个广大的群众运动的声势。

——北大原副校长沙建孙

6月10日，徐世昌总统在曹汝霖、章宗祥、陆宗舆毫不知情的情况下，“批准”他们辞职。23日，徐世昌会见各界代表，山东代表声泪俱下，说：“自济南启程时，山东父老兄弟姐妹皆环跪车站，叮嘱代表请求不遂，不得生还。”后来做了全国政协副主席的屈武，当时是陕西请愿学生代表。他曾慷慨陈词，说到痛心处，跪地痛哭，以头触地，鲜血直流。徐世昌当即宣布，他已电令巴黎，从缓签约。

1919年6月28日，陆徵祥拒绝在对德《凡尔赛和约》上签字，山东权益案暂时悬留。

老北大的校庆日是12月17日，1953年以后才改成5月4日，这无非是因为北大发起了“五四运动”。把一所著名学校的生日改成另一个日子不一定合理，但至少可以说明“五四运动”对北大的重要性。换句话说，没有“五四运动”，北大的社会影响不会那么大。

巨星的陨落

鲁迅介入北大，是从1917年为北大设计校徽开始的。随后，他成为《新青年》杂志的撰稿人，发表过许多惊世名篇。1920年，鲁迅来北大中文系执教，这是他一生中执教时间最长的大学——从1920年到1926年——整整六年时光。不过，鲁迅不是北大教授，一直是讲师。因为蔡元培规定，只有在北大全职教书才可以被聘请为教授。鲁迅一直是兼职，所以只能是讲师。

蔡元培一进北大，便邀请鲁迅为北大设计了一枚校徽，这枚校徽一直沿用到1949年。鲁迅之后加盟《新青年》杂志，发表《狂人日记》《孔乙己》《药》，崛起为文学巨匠。

鲁迅设计的北大校徽

鲁迅在北大中文系讲授“中国小说史”。德语专业毕业生冯至听过鲁迅的课，他回忆说：“这门课名为‘中国小说史’，实际上是对历史的观察，对社会的批判。”每一次，当鲁迅老师仰着冷静苍白的面孔走进教室，喧闹的教室就只剩下呼吸声。大家听着他的“中国小说史”，仿佛听到全人类灵魂的历史，混杂着欢乐与悲哀、爱恋与憎恨、羞惭与愤怒。

鲁迅

鲁迅经常在寓所接待一批又一批年轻人，夜深了，他总是端着油灯，把学生们送出寂静的胡同。

鲁迅在北大只是兼职，所以从不以“北大老师”自居，但是1925年北大校庆二十七周年时，学生会请他写篇纪念文章，他欣然应允，写了《我观北大》。

“三一八”惨案发生后，北大为死难学生举行隆重的追悼会。鲁迅连续写下《纪念刘和珍君》《“死地”》《可惨与可笑》《无花的蔷薇之二》等文章，说1926年3月18日是“民国以来最黑暗的一天”。此后，张作霖父子和张宗昌进京，京城一片肃杀。因为师生恋和婚外情，坊间议论纷纷，鲁迅从此去了南方，1936年在上海病故。

蒋梦麟

1920年之前，对中国影响最大的还不是鲁迅，而是三只“兔子”。留欧的蔡元培比留日的陈独秀大十二岁，陈独秀又比留美的胡适大十二岁，他们都属兔，因此被戏称为“改变中国文化的三只兔子”。

后人常认为蔡元培做了十年北大校长，其实十年中，他有一半时间不在北京。有时候是迫于政治压力，不得已离京出走；有时候是在欧美考察大学教育；有时候是忙于党务政务。所以，他经常把校长之实，委托给北大总务长蒋梦麟。

蔡元培一贯认为教师和学生应该以做学问为本分，以研究学术为天职。“五四运动”中，蔡校长一度离京出走，经过师生一再恳求才勉强回校。回校之前，他发表文章说：“学生救国，重在专研学术，不可常为救国运动而牺牲。”

20世纪20年代，蔡元培对欧美的考察更坚定了他平民教育的理念。他坚持读书不为做官，坚持男女同校。这些理念对现代中国产生了巨大影响。

1940年3月5日，中日战事正紧，蔡元培客死中国香港，享年72岁。为了纪念他对北大和新文化运动的巨大贡献，尽管他是国民党元老，甚至参与过“四一二”反共“清党”活动，他的半身塑像仍然在1982年被竖立在未名湖南侧的山丘之间。

被蔡元培三顾茅庐请进北大的陈独秀既是文学理论家，又是政治家。他从1917年起担任北大文学院院长，第二年又同北大图书馆馆长李大钊合办《每周评论》杂志，宣扬新文化和共产主义。1919年，“五四运动”爆发前夕，陈独秀被蔡元培舍弃。他生气、

北大校园内的蔡元培雕像

失落，亲自到前门散发传单，当晚被捕。1920年，在李大钊的帮助下，陈独秀逃离已经让他丧失了人身自由的北京城。

陈独秀和李大钊化装成商人，乘一辆骡车，出朝阳门东去，前往李大钊的河北老家。

史学界历来有一种说法，叫“南陈北李，相约建党”。据《新青年》“二把手”高一涵后来回忆，1920年初，李大钊跟陈独秀坐着骡车到乐亭去，在路上曾经商量过建立“共

蔡元培在儿童节演讲

产党”的问题。

——北大原副校长沙建孙

陈独秀

李大钊把陈独秀安排在乐亭老家，而后返回北大，后来陈独秀南下上海。

高一涵回忆说，在政党名称上，陈独秀一直拿不定主意，不知该叫“社会党”还是“共产党”。他写信征求李大钊的意见，李大钊建议叫“共产党”。后来，在中共一大上，陈独秀被公推为总书记。

1927 年，在包括蔡元培在内的国民党元老的支持下，蒋介石在上海全面“清党”，汪精卫在武汉“分共”。陈独秀反对武装反抗，使得共产党坐以待毙，损失惨重。8 月 7 日，陈独秀被撤销一切职务，两年后被开除出党。

陈独秀并没有倒向国民党，他脾气倔强，坚决反对国民党和国民政府。

1942 年，在贫困交加中，陈独秀病逝于四川。

相比之下，陈独秀推荐给蔡元培的胡适是更正宗的大学者。1917 年，胡适尚未拿到美国的博士学位，便匆忙归国，担任北大教授。

他以宣扬新文化为己任，提出“大胆假设，小心求证”的研究方法，影响了几代学者。直到“五四运动”，胡适才跟陈独秀分道扬镳，主张“多研究些问题，少谈些主义”。

1938 年，胡适出任驻美大使，因为抗战步入政界。四年后，胡适辞去大使职务，寓居纽约，专心从事学术研究，同年受聘为“行政院”最高政治顾问。1946 年，胡适回国，恰逢北大告别昆明，回京复校，胡适出任校长。仅仅两年之后，胡适乘坐蒋介石派来的飞机，南下避乱。为此，他被毛泽东描述为“罪大恶极的帮凶”，列入战犯名单。

后来，胡适去了美国，之后又到了中国台湾。1962 年病死于台湾。

和陈独秀一样，李大钊也是留日学生，同样没拿到学位。李大钊在早稻田大学政治经济学部求学的时候，修过日本早期社会主义者安部矶雄的“都市问题”和“社会政策”等课程，从此接受了社会主义思潮。1917 年冬天，28 岁的李大钊加盟北大，接替章士钊，做了五年的图书馆馆长，而后改任校长室秘书。

蔡元培聘请李大钊时，刚好俄国发生了“十月革命”。李大钊是俄国革命热情的宣传者，在《布尔什维主义的胜利》这篇文章中，李大钊用诗一样的语言写道：“赤色旗到处翻飞，劳工会纷纷成立……试看将来的环球，必是赤旗的世界。”

在反袁运动中，李大钊因旷课太多被除名，只算是早稻田大学的肄业生。不过，这并不影响他成为列宁主义的启蒙人。从 1918 年开始，李大钊把北大图书馆变成了马克思主义和列宁主义的传播中心。

“五四运动”之后，新文化阵营分野。胡适宣布，“二十年不谈政治”。李大钊却开设了马克思主义课程，这是中国大学第一次把马克思主义列为正式课程。在蔡元培的支持下，李大钊创立了“北大马克思学说研究会”。

李大钊

这个研究会，以研究马克思的著作为主要目的，而且他们收集了很多马克思主义文献。当时蔡元培拨给研究会两间房，就叫“亢慕义斋”。

——北大原副校长沙建孙

1920年秋天，李大钊、张申府、张国焘在北大马克思学说研究会基础上，组建北京共产党，高君宇、邓中夏、罗章龙、刘仁静、何孟雄先后入党。此前，陈独秀已在上海建党，北京共产党不久后被命名为“中国共产党北京支部”，李大钊担任书记。一年后，中共召开一大，确认由李大钊负责北方党务。

1926年，张作霖击溃冯玉祥，全面控制北洋政府。同年，他自命“安国军总司令”，宣布“反共讨赤”。1927年，国民革命军在北伐战争中节节胜利，北京风声鹤唳。4月6

日，张作霖派军警突袭苏联大使馆，搜出大量李大钊向苏共提供信息的证据，逮捕了李大钊及六十多名国共党员。

李大钊是国共两党北方党务的最高领袖，又被判定为“里通外国，毒害青年”，所以首当其冲，必死无疑。李大钊拒绝接受枪决，提出用绞刑执行。最后，张作霖从海外订购了一部绞刑架，处死了38岁的李大钊。20世纪80年代初，北大俄文楼前竖起

北大校园内的李大钊雕像

了李大钊塑像。由于李大钊留下的照片都是正面照，他的塑像后脑勺不得不按照他儿子李葆华的头形来塑造。

提到“北大巨星”，其实应该算上哲学和数学双料副教授张申府。和陈独秀、李大钊一样，他也是中共创始人。同时，他也是周恩来和朱德的入党介绍人。不过，张申府虽然才华横溢，却刚愎自用，最后因为和陈独秀不合，半途退了党。所以，在历史教科书中，共产党元老张申府仍然是一个陌生的名字，他的“分析哲学”和马列主义仅仅影响了他的弟弟张岱年。1952 年，张岱年从清华调入北大，成为著名的哲学教授。那个时候，张申府人还在。

国难当头

实际上，20世纪20年代的北大校长已经不能算是蔡元培，而是代行校长职权的总务长蒋梦麟。只不过，蔡校长名声在外，即使云游海外，不愿意再管北大，他依然是法定校长，而蒋梦麟也只不过是代理校长。1930年冬天，在蒋介石的建议下，蒋梦麟辞去教育部长职务，正式改任北大校长。20世纪30年代的校长并不好当，那是一段国破家亡的岁月。

1931年9月18日深夜，驻华日军突袭东北军沈阳北大营驻军。远在北京疗养的张学良副司令，为了避免刺激日本人，下令收缴武器入库，致使日军如愿以偿。随后几天，日军占领长春、吉林、敦化，北攻齐齐哈尔，南炸锦州。日本人宣布，东北13 600所小学、194所中学、30所大学，必须全部关闭。

东北告急的消息传到北大，北大学生通电全国，抨击日军的贪婪和野心，同时组织“南下示威团”，去南京请愿。12月1日，北大学生在前门火车站集体卧轨，迫使站长答应开车后坐火车南下。两天后，学生们抵达南京，游行示威，高呼“打倒日本帝国主义”“反对政府出卖东三省”。12 月初，汪精卫对外界发表谈话称：“应付目前局势的方法，兄弟认为有八个字，就是‘一面抵抗，一面交涉’。”他反对蒋介石只交涉、不抵抗的政策，认为“不丧主权”是“共赴国难”的原则。1932 年 1 月，汪精卫出任行政院院长，这让北大吃了一颗定心丸。

这一年，张中行考进北大中文系。他从北京远郊搬进骑河楼西侧的北大法学院，但是他没有参加“南下示威团”。无论外界如何风起云涌，他只是一心想着读书做学问。在他的文字里，20 世纪 30 年代不会被忽略。但在这位安闲的大学者笔下，30 年代和其他年代没什么不同。他是两耳不闻窗外事的书生，即使战火连绵，内忧外患，他只是知道，无论什么时候，中国人的孩子都要有人教书，而他，只想做个教书人。这位大出版家，提起当年故事，不生气，不辩解，说的除了沙滩儿的住和沙滩儿的吃，就是学术学风这些象牙塔里的旧事。

北大的影响，主要是校风。虽然蔡先生不在这里了，但学术至上的风气还是没什么变化，老北大的学术自由风气没变。

——人民教育出版社高级编辑张中行

1935 年初夏，国民革命军第 29 军副军长秦德纯奔赴庐山军官训练团，向蒋介石报告华北局势，请示机宜。蒋介石密令第 29 军承担华北重任，“务须忍辱负重，委曲求全，以便中央迅速完成国防”。第 29

军军长宋哲元中将是长城抗战的名将，蒋介石的这道命令使他的英雄军队陷入尴尬境地。日本人在华北得寸进尺，提出华北政权“特殊化”，国民政府和第29军只能顺应，还得组织“冀察政务委员会”。

此时此刻，主战派汪精卫遭遇刺杀，不得不离开政坛出国疗养。抗日名将宋哲元，不得不担任“冀察政务委员会”委员长，成了亲日将军，而昔日北大图书馆馆长兼逻辑学教授章士钊，竟是这个委员会的“法制委员会”顾问！

为了阻止“冀察政务委员会”成立，北京六千名学生决定在12月9日游行示威。

“一二·九”运动中北京大学的示威游行队伍

"一二·九"游行队伍是从府右街过来，走北海大桥，到北大红楼。经过北大红楼时，我正在地质馆做实验，听到下面叫人——因为上午大家已经得到消息，游行队伍已经进城了——游行队伍一过来，大家就从地质馆楼上跑下来参加。当时，北大红楼后面有个上课的钟，已经有人在敲了。敲钟的这个人，后来到香港大学做了教授。一听到钟声，楼上的人都下来了。尤其在游行队伍中，又有人在那儿说："你们北大的学生不要忘记了'五四'的传统！"这很有点激发作用。

——原国家经济委员会主任袁宝华

"五四运动"中北大是急先锋，但在"一二·九"运动中，北大是在外校的刺激下转而响应。不过，北大毕竟是北大，很快便成了运动的中坚。

从北大沿着北河沿儿，经过东华门，到王府井南口，就到了使馆区。也就是说，冲到那个地方，就要流血了。警察在王府井南口布置了一个很厚的防线，学生一冲到王府井南口，他们就动手打，把一些同学打得头破血流。

——原国家经济委员会主任袁宝华

在与警察的对抗中，一百多名学生受伤，三十多人被捕。

燕京大学新闻系讲师斯诺目睹了"一二·九"运动，当晚给《纽约太阳报》发去新闻报道，说"一二·九"运动是新的"五四运动"。

第二天上午，北大学生开大会，选举产生"北大学生会"，推举外语系学生朱穆之做主席，物理系学生韩天石做副主席。

龚澎

北大学生会原来没有成立，也就是“一二·九”运动这一天才投票。所以，“一二·九”第二天，学生会才成立，接着就开始酝酿“一二·一六”罢课游行。

——原国家经济委员会主任袁宝华

为了扩大影响力，斯诺把北大数学系学生黄敬、清华化学系学生姚依林和燕大学生黄华、陈翰伯、龚普生和龚澎姐妹叫到崇文门苏州胡同盔甲厂13号寓所，建议在“一二·一六”大游行之前制造舆论，冲破国民党的新闻封锁。于是，龚氏姐妹在燕大临湖轩办了外国记者招待会，请到合众社、《芝加哥每日新闻》、天津《华北明星报》《亚细亚杂志》、上海《密勒氏评论报》《大学》杂志的六位记者。也就是从那时开始，经济系学生龚普生渐渐成长为外交家。新中国成立后，龚普生出任外交部国际司副司长。龚澎是历史系学生，后来长期担任外交部新闻司司长，举行记者招待会于她而言已经是家常便饭。她最后官至部长助理，她的丈夫是曾任外交部副部长的乔冠华博士。

1935年12月16日是“冀察政务委员会”举行成立典礼的日子。北大一千名学生举着“北京大学示威团”的大旗走上街头。他们走到南长街口，准备冲击日本大使馆，警察用高压水枪拦截，北大学生总领队朱穆之第一个冲上前，抢夺高压水龙头，警察的棍子打破了他的前额。

市学联负责人、北大学生黄敬站在停驶的有轨电车上向群众发表演说

新华门那个地方军警比较多，那时候的警察，都是拿着大刀的。他们拿着大刀，挥舞着上来，把学生打散，有好多学生受伤。有一个叫蒋经伦的同学，鼻子被割破了。还有个女同学，叫黄淑申，屁股给刺了一刀子，满身都是血。

——原国家经济委员会主任袁宝华

如今，宣武门的旧城楼早已不存在。而当年，在“一二·一六”游行时，斯诺夫妇就是在这座城楼上用相机拍下了这段美国人无法理解的历史——一部分中国人反对外族侵略，另一部分中国人却来镇压。游行过程中，北大校旗屡次被警察撕毁，先后换了五面。学生们一次次跑进布店，买来白布，写上“北京大学”。

有一部分学生从前门冲出去，列队走进天桥广场。黄敬站在这辆电车上，向涌动的人潮发表演讲，带领大家高呼“反对成立冀察委员会”和“武装保卫华北”。

实际上，“一二·一六”大游行比“一二·九”运动更成功。如果说在“一二·九”运动中，北大学生多是观望，那在“一二·一六”大游行中已经没有北大学生能无动于衷。这次蔚为壮观的运动，让“冀察政务委员会”不得不延期成立。

袁宝华回忆说，他在北大地质系读书时，宿舍里只住两个人，两个人在“一二·九”之前没说过一句话，但“一二·九”运动改写了北大学生的精神生活，学生们又开始进入群体议事中，探讨国家的命运。

不久后，北大学生得知红军经过长征落脚陕北，但此时的他们不知道，不久之后自己也将有一次“长征”，路线恰好和红军相反——

1935 年 12 月 9 日，学生同前来镇压的国民党军警英勇搏斗

北平陷落后，被破坏的燕京大学标志牌

南下昆明。

1937 年“七七事变”爆发，日军突袭卢沟桥，引发中日全面战争。很快，华北陷落了。国民政府下令，清华、北大、南开南迁长沙，合组“长沙临时大学”。

11 月 1 日，“长沙临大”开学。紧接着，首都南京沦陷，武汉告急，长沙战事也越发吃紧。湖南省主席张治中要求临大师生参军，化为抗日武装力量。蒋介石反对，下令临大继续南迁，为未来保存知识力量。

1938 年 2 月 20 日，临大师生自长沙启程，跋涉两个多月，先后抵达昆明大后方。

在整个日据时期，北大只有伪文学院院长周作人留守，一直在北京担任伪职。

西南联大（上）

1938年春天，“国民政府行政院”下令，清华、北大、南开在湖南合组的长沙临时大学更名为“西南联合大学”。在昆明，北大特殊的一页翻开了。

西南联大的教室简陋而平凡，如今，这些教室多已不存在，保存下来的屈指可数。

在这样的教室里边上课，它的特点是什么呢，因为窗是用棉纸糊的，一刮风，风吹棉纸，沙沙沙地响，下雨的时候，雨打在铁皮顶上，叮叮当当地响。教授讲课声音要很大，才能压得过雨声和风声。

——云南师范大学原党委副书记许珍

西南联大初建，下无寸土，上无片瓦，只能借助昆明现有学校的校址。但昆明城区的学校实在太少，所以联大理学院不得不设在北郊，而工学院设在东郊，法学院和文学院远在二百公里以外的蒙自县。当年陈寅恪、陈岱孙、朱自清、闻一多都是在蒙自一家外国公司寄住，条件十分艰苦。

抗战期间，昆明物价上涨了三百倍，西南联大教授的工资只涨了五倍。为了养家糊口，即便像闻一多这样的名教授也不得不拿出手艺，挂牌为人刻图章。

闻一多一家有八口人，除了夫妇俩、五个孩子，还有从北方带来的老妈妈——赵妈——帮他做活。一家人的生活靠他一个人

西南联大校门

的收入维持，很困难。每个月的工资只够家人的基本伙食费，要吃点小菜可以，吃肉吃蛋就成问题。有一次，端午节我到闻先生家去，一家人正在开家庭会议。讨论什么问题呢？那天是端午节，有人送来一个鸡蛋，妈妈就说：“爸爸身体不好，这个鸡蛋应该给他吃。”

——西南联大毕业生

即便如此，闻一多依然用功做学问，除了上课轻易不出门。因此大家总是劝他“何妨一下楼”，渐渐地，闻一多教授多了一个

西南联大校舍

雅号，叫“何妨一下楼主人”。

西南联大人多房少，就连盐商的仓库也改成了学生宿舍。

新校舍一个大房子住三四十人，双人床一排排地排满了，双人床对面有张长桌子。一个月大概六块钱的伙食费。吃的米有一阵是云南粮仓供给的，那些米中有相当多的沙子、稗子。穿的就更简单，两套黄布制服，一件棉大衣，就这么过冬。

——北大地质系教授董申葆

1938年秋天，日军第一次轰炸昆明。此后，日机频繁出动，一旦警报拉响，联大师生必须立即停课，躲避空袭。

为了减少损失，西南联大在川滇黔交界的偏僻小县建了分校。那里的条件更差，食堂没有桌椅，学生们就把饭碗放在地上，用粉笔在碗的外围画一个圈，表示饭桌。那里没有电灯，每当夜晚来临，学生们纷纷点起桐油灯照明。那时最为动人的场面是，晚饭后学生们手持油灯，成群结队地去图书馆自习。

到图书馆看书的人非常多，像我们在南院的，饭都吃不完就赶紧丢了碗，来占位子。队排得很长，但还是经常占不到位子。占不到位子怎么办，只好到茶馆里面，蹲茶馆，去做作业，去看书。

——云南师范大学原党委副书记许珍

联大中文系学生汪曾祺后来回忆说：“图书馆座位不多，看书多半在茶馆。昆明街头的大小茶馆竟成了西南联大为数众多的图书馆分馆。”

当时物质条件确实非常艰苦。林语堂先生从美国来到昆明，参观了西南联大。他说他看到西南联大师生的学习、生活情况后，感到“西南联大物质生活不得了，极其艰苦，但是精神生活，了不得”。

——云南师范大学原党委副书记许珍

“刚毅坚卓”是西南联大的校训。在北大历史中，西南联大八年是杰出人才出炉率最高的时期，这大概是“家贫出孝子”“糟

西南联大新校舍鸟瞰

糠养贤才”的道理。

那时候昆明也乱，轰炸、搬家是常事，但国难当头，大家都很努力。当时联大有首校歌，我们每一个学生都很熟悉，这首校歌的确激励了我们。歌词中有这么几句：“千秋耻，终当雪。中兴业，须人杰。便一成三户，壮怀难折。”

——北大地质系教授董申葆

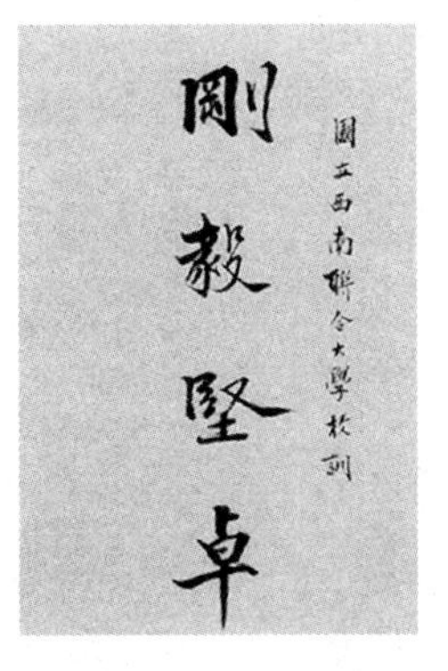

西南联大校训“刚毅坚卓”

西南联大物理系学生杨振宁后来回忆说，西南联大四年，给他影响最大的是物理系的两位教授——王竹溪和吴大猷——他当年的课堂笔记现在仍然有用。

当年西南联大学生上课时候用的课桌椅被大家称为“活腿椅”。但就是在这破桌椅上，西南联大培养了一大批科学家，比如杨振宁、李政道、两弹元勋邓稼先、历史学家何炳棣、物理学家丁肇中等一大批世界有名的科学家，也培养了一大批解放后各条战线上的领导骨干，有的还是党和国家领导人。这些人就是坐在这样简陋的“活腿椅”上完成了学业。

——云南师范大学原党委副书记许珍

西南联大中国文学系全体师生 1946 年在系办公室前合影

西南联大的本科生是三校合一，不分彼此，但研究生院各自独立。1938 年，任继愈考取北大研究生院的文科研究所，成为大哲学家汤用彤教授的得意弟子。

我觉得北大有个好的传统，那就是相信同学自己的能力。好多课程不是把着手教的，而是自己读自己看。这个很有好处。老师也不鼓励死记硬背，死记硬背答出的卷子分数都很低的。西南联大的文科研究生有李赋宁、王瑶、季镇淮，理科研究生有钱伟长、邓稼先、朱光亚、董申葆。

——国家图书馆原馆长任继愈

物理学家、中国科学院半导体所原所长黄昆教授当年在西南联大是吴大猷教授的硕士研究生。

西南联大从学术方面来讲还是比较强的。我记得后来到英国读研究生时，与其他同学比较起来，我明显比他们基础要强。虽然我是去读博士生，但从实际的情况看，我甚至已达到博士后的水平。这就完全反映了当时西南联大在学术方面的深厚底蕴。

——中国科学院半导体所原所长黄昆

1945年，黄昆考取中英庚款董事会资助，

西南联大部分教师合影，前排右三为梅贻琦

去英国利物浦大学读博士，还娶了一位英国太太。

西南联大文学院院长冯友兰，为联大纪念碑撰写了一篇碑文，中文系主任闻一多为它刻下篆文。1978年，杨振宁回到这里，一边唱校歌，一边打拍子。他告诉众人，回母校，唱校歌，是他三十年来一直想做的事情。

西南联大（下）

在北大历史中，西南联大时期正是全民族的责任感和使命感最浓重的岁月，数不清的联大师生为民族抗战事业奉献了青春、汗水、鲜血，甚至是生命。

在闻一多教授一次激情澎湃的讲演之后，西南联大八百三十四名学生放弃学业，报名从军，奔赴缅甸和印度做对日作战的军事翻译，这座石碑刻着这些英雄学生的名字。后来做了周恩来总助理的熊向晖，做到外交部副部长的章文晋，他们的名字，也在其中。

1941年，日本飞机来轰炸，扔下的炸弹炸出一个大坑，下雨积水，当时西南联大也来不及修理，就成了一个污水塘。

——云南师范大学原党委副书记许珍

西南联大的学生就是坐在这个池塘旁的草地上听朱自清、闻一多、吴晗抨击时政的。当时的云南省主席是龙云上将，他同情共产党，不干预昆明民运，甚至明确支持。那个时候，昆明曾经号称“民主堡垒”。

1944 年，经吴晗介绍，闻一多秘密加入民主同盟，从一位反对革命的旧学士变为活跃的政治活动家，他的诗便化作宝剑。

我认识闻一多先生，他是个诗人。为什么叫“诗人”？他的生命就是一首诗！他用诗来待人，来观察生活。这句话很难懂，要懂得诗的人才能懂。他超越了当时一般的感

西南联大学生在工学院图书馆阅览室内认真学习

情，追求一个更高的境界。

——北大社会学人类学研究所原所长费孝通

抗战胜利后，国内局势逐渐紧张。在共产党的指挥下，1945 年 11 月 25 日，六千多名昆明学生聚集西南联大民主草坪，举行“反内战时事晚会”，矛头直指国民党。此时，警察已在校外戒严，形成包围圈，禁止联大师生出入。校园内外，剑拔弩张。

当时我们就坐在前面，钱端升讲的是国民党的政治，他正在讲的时候，突然灯熄了。灯熄了以后，就听见枪声，机关枪、迫击炮一起响，子弹就在我们头上飞。学生会主席叫王瑞岩，是外语系的同学，他喊：“大家不要动！不要动！”我们都很听话，动都不动，子弹飞过去就把头低下来，一个也没有动。接着，学生会把汽灯准备好，挂上，钱端升讲完话后，费孝通接着上去讲。费孝通一站上去那几句话煽动性很大。他说：“我们就是要反对内战，我们不仅在黑暗中要反对内战，我们在敌人的枪炮声中也要反对内战！”同学们热烈鼓掌。

——云南师范大学原党委副书记许珍

次日，昆明三万学生大罢课，要求国民党立即停战，成立民主联合政府，保障民主权利，同时呼吁驻华美军撤出中国。

1945 年 12 月 1 日，西南联大和云南大学遭到暴力袭击，四名学生被扔进校园的手榴弹炸死，数百学生受伤，许多学生遭到殴打，这就是“一二·一”惨案。这起惨案激怒了以教书和写诗为生的闻一多，让他成了斗士。

1946年7月11日是西南联大最后一批学生离滇回迁京津的日子。就在这天夜里，民盟中央委员李公朴教授和夫人张曼筠在青云街大兴坡遇刺，死在回家的路上。

消息传开，舆论沸腾。闻一多勃然大怒，

“一二·一”惨案中上街游行的昆明学生

闻一多

四天后的上午，他不顾劝阻执意参加“李公朴先生死难经过报告会”，他演讲说：“我们不怕死，我们有牺牲的精神，我们随时像李先生一样，前脚跨出大门，后脚就不准备再跨进大门！”下午，闻一多和楚图南一同去《民主周刊》编辑部，为李公朴事件举行记者招待会。他从李公朴遇刺讲到内战危机，同时呼吁新闻界分清是非，主持公道。

散会后，47 岁的闻一多在长子闻立鹤的陪伴下回家，于西仓坡西南联大宿舍门前遇刺，头部连中三枪，当场惨死，闻立鹤身负重伤。

朱自清并非闻一多的知己，但联大痛失英才，朱自清萌生了全面整理闻一多遗作的强烈冲动，他要编纂《闻一多全集》！

我觉得他一生更注重的是责任。他的爱国主义如果说有什么特色的话，就是爱国就要注重自己的责任，包括拒绝美援的事。爱国，他就要把学生教好，要把研究工作做好。他不是那种讲起话来特别兴奋的人，他一生都是比较平静，一生都是兢兢业业地工作，没有停止过。在他的日记中间经常看到，他经常谴责自己没有好好利用时间，但是他几乎两三天就写出一篇文章。

——中央党校原党史教研部常务副主任

朱乔森

初到清华任教时的朱自清

朱自清1920年毕业于北大哲学系，他的散文《背影》和《荷塘月色》家喻户晓。今日的语文教科书上，朱自清的散文依然是必修经典。

朱自清和闻一多，一个出身北大，一个出身清华；一个中年旅欧，一个青年留美；一个是散文家，一个是诗人，性格完全相反，文笔各有千秋。西南联大时期，两人曾在中文系主任职位上轮流执政，基本没什么交情，反而有些矛盾。朱自清全力整理闻一多遗作，完全是出于学者的责任心。因为这份责任，朱自清用尽全部气力，在生命的最后岁月一边写文章艰难维持生计，一边竭力编辑《闻一多全集》。

总的来说，他们私交并不是很好，算不上知己和朋友。但是闻伯伯去世后，我父亲写了多篇文章悼念他，对国民党进行抗

邓以蛰

议。他在很多文章中说，我们是不甘心的，他这样被暗杀了，是中国学术界的重大损失。至于整理闻伯伯的全集，我觉得他是全力以赴的，因为那时他的身体已经很不好了。

——中央党校原党史教研部常务副主任

朱乔森

1948年夏天，朱自清因胃穿孔病逝。此前，他一直拒领美国的救济粮。与此同时，《闻一多全集》八卷本面世，这是继《鲁迅全集》之后现代文学史上第二部个人全集。

清朝有一位大书法家、大篆刻家，叫邓石如，邓石如的五世孙是邓以蛰。邓以蛰早年留日，是早稻田大学的文学博士。20世纪20年代，邓以蛰是北大哲学系赫赫有名的美学教授。邓以蛰的儿子更了不得，他为中国主持设计了第一颗原子弹和第一颗氢弹，人称“两弹元勋”，他就是西南联大物理系本科毕业生邓稼先。责任心，同样可以诠释他的一生。

1948年，北大物理系助教邓稼先远赴美

国普渡大学攻读原子核物理，他仅用两年时间便拿下博士学位。此时，邓稼先只有26岁。中国科学院近代物理所所长钱三强称他是“娃娃博士”。

1958年的一天，钱三强跟他说，要调他去做这个工作。邓稼先马上明白是造原子弹，他的回答是：“我能行吗？”钱三强就给他分析他的情况。邓稼先当时34岁，我30岁，我们的孩子一个4岁，另一个2岁。他当时实际上马上就答应了，就是服从组织调动。他回来的那天晚上，我们俩一夜都没睡，谈了一夜。

——北大基础医学院教授许鹿希

在原子弹的整个研制过程中，邓稼先严格遵守保密纪律。赴命主持核武器研制之初，他只告诉许鹿希：“我要调动工作了，今后不能管家里的事了，我的一切已献给了未来的事业。”

从1958年开始，许鹿希从不过问丈夫在哪里工作，一个人承担起家庭的一切。在许鹿希接受采访时，她几次用“那是一段非常舒服的日子”来描绘1958年之前的岁月。那种对夫妻共同生活的留恋之情不言自明。

1964年10月16日下午三点，中国第一颗原子弹在新疆罗布泊爆炸成功。1967年6月17日，中国第一颗氢弹爆炸成功。1986年7月29日，邓稼先因癌症病逝，享年62岁。

风雨中的红楼

1946年，西南联大一分为四。联大师范学院永远留在昆明，更名为“云南师范大学”，为西南培养师资，以报答昆明八年的养育之恩，而清华、北大、南开回迁北方，各自复校。10月，联大的北大部分完成回迁复校，胡适任校长。胡适原本已经在哈佛做学问，此时回中国像是在暴风骤雨中被推上了火山口。

在大动荡年代，谁也无法知道，自己将和未来结下怎样的因缘。

1946年，蔡元培时代的学生许德珩回到北大，在政治系讲授“社会发展史”。他不会想到，两年之后胡适校长被迫南逃，之后远去美国，而自己将成为北大领袖。同是1946年，许德珩的大女儿许鹿希考上北大，但她无法知道，自己将来会嫁给物理系助教邓稼先，成为“两弹元勋”夫人。同样是这一年，20岁的于敏，从西南联大回迁北大物理系，他没有想到，偶尔和他倾谈一夜的邓稼先，后来会跟他共事二十年，而且始终是他的老搭档和老上级。

同邓稼先在工作上是合作伙伴，一般都是他是组长，我是副组长。后来到九院，他是理论部主任，我是副主任。再后来，他任九院的院长，我是副院长。我们就是这样，一起工作了二十多年。

——中国科学院院士于敏

于敏自称“土专家一号”，他从来没出过国，但这并不妨碍他辅佐邓稼先，并成为“中国氢弹之父”。事实证明，邓稼先和于敏结成的工作集体，其业绩毫不逊色于美国的奥本海默和泰勒，也不逊色于苏联的库尔恰托夫和萨哈罗夫。

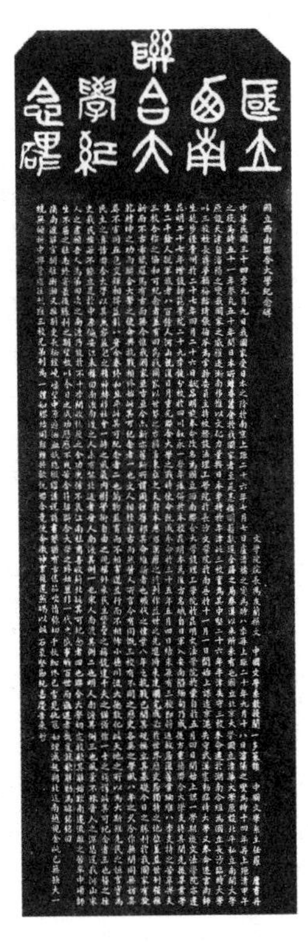

西南联大碑文

20 世纪 40 年代末是大动荡年代。内战烽火连天，国民政府风雨飘摇。

1946 年 12 月 24 日夜晚，北大先修班女学生沈崇在去平安影院途中，被美国海军陆战队皮尔逊伍长和普利查德下士架到东单操场施行强奸，被工人孟昭杰撞到，报案后，皮尔逊被警察抓获。几天后，各大城市爆发罢课和游行示威，抗议政府软弱，要求美军撤出中国。后来，这次斗争一直持续到 1947

驻北平的美国海军陆战队士兵皮尔逊强奸北京大学女生沈崇后，各地学生示威游行。图为学生们写在电车上的抗议美军暴行的标语。

年元月。

对学生运动，胡适一向态度坚定。他多次说，古今中外有一条公律——凡政治令人不满、必须提倡政改的时候，责任往往落在青年肩上，比如汉朝和宋朝的太学生请愿、明朝的东林党抨击朝政、清末的戊戌变法和辛亥革命、民国时期的“五四运动”——凡是呼吁改政的，都是青年学生。而中国的现状，“不要说青年人不满意，就是我们中年人也是感到不能满意的”。每当听到学生被打伤、被捕，胡校长总是赶到医院探望，设法营救。

对沈崇事件也一样，胡适说：“我看她亦如后辈，当然要负责的。如果她愿意我陪她出庭，我当然愿意。”不过，他同时认为这是一个法律问题，不要因为民族情感把它政治化。对这个态度，北大学生难以理解，不可能接受。

这一年，为了应付内战，弥补财政赤字，国民政府被迫大量发钞，造成恶性通货膨胀，北大难得温饱。饥饿中，北大的愤怒再次爆发。在墙报上，胡校长看到这样一份声明：“举起我骨瘦的手，向制造饥饿的人宣战。”5 月 4 日，上海学生游行示威，要吃饭、要和平、要自由。学生运动迅速扩大到各个城市。

北大成立了反饥饿、反内战行动委员会，宣布5月19日起罢课三天，并把6月2日定为“反内战日”。北大罢课的第二天即5月20日，南方大城市的学生在南京“总统府”示威，被打伤五十人。同一天，天津学生也举行示威，被打伤五十人。这就是著名的“五二〇”惨案。

“五二〇”惨案后，胡校长的日子更不好过了。大多数师生都对国民政府失去信任，成为共产党的拥护者。有一次，朱自清教授的三儿子朱乔森在作文中引用鲁迅的话：“世上如果还有真要活下去的人们，就先该敢说，敢笑，敢哭，敢怒，敢骂，敢打，在这可诅咒的

“五二〇”惨案

地方击退了可诅咒的时代！”朋友们提醒朱自清，劝儿子不要太“左”，朱自清大声反问：“在这个时代，不‘左’，难道还要他‘右’吗？”

对孩子，朱自清是温情的。对孩子们的劳动，这位大教授总是要说声“谢谢”。但在原则问题上，他异常严厉。

当时我们经济非常困难，也没有桌子。当时因为日本人侵犯，满地扔的都是一些破烂，我们拣了张桌子回来。我父亲非常生气，说这是公家的，退回去！以至于在门口，有辆大车倒了一堆黄土，我妹妹就拿黄土玩，我父亲就告诉她：“你不要拿，这是公家的。”

——中央党校原党史教研部常务副主任朱乔森

北大对朱自清最大的影响是民族至上。那不是一般的民族心，它常常以个人牺牲为代价。在20世纪40年代末那段身心憔悴的日子里，朱自清听了吴晗教授的游说，拒绝了美国救济。

他那个病非常厉害，经常是疼痛呕吐，彻夜不眠。他极需要营养和治疗，但是他拒绝了美援，一下子就使我们家的生活来源损失了五分之二。因为当时他的全部工资也就只能买三袋多面粉。国民党的法币不值钱，美援面粉的配备是两袋。你拒绝了两袋面粉，损失就很大了。

——中央党校原党史教研部常务副主任朱乔森

操劳和担忧加剧了朱自清的病痛。他的体重降到七十七点六斤，终于病倒了。他嘱咐他的研究生王瑶，如果过三四天，我还是不能起床，你就代我去讲“中国文学史”和“中国文学批评”。去世的前一天，他叮嘱家人，有件事要记住，我是在拒绝美援面粉的文件上签过名的，我们不要国民党的美国面粉。

20 世纪 40 年代末的那场内战，没能像胡适预期的那样。国民政府土崩瓦解，大势已去。胡适终于决定，离开北大，飞往南京。后来，他去了美国，最终病逝于中国台北。

胡适走后，北大校长空缺，文学院院长兼哲学系主任汤用彤院士代理校政。

1949 年 2 月 3 日，解放军进京，汤教授

北平和平解放

代表北大接受新政权的管理。5月4日，北大成立临时校政机构——“北大校务委员会”。常委中，有始终拥有政治热情的九三学社理事长许德珩教授，有在西南联大不畏暗枪威胁、登台演讲的钱端升博士，有闻一多的弟弟闻家驷教授，而校务委员会主席是汤用彤。1951年，马寅初校长来接替前，汤用彤始终代理校长职务。

北大的历史说到此处，刚好说了一半。从孙家鼐出任管学大臣到汤用彤担当校务委员会主席，前后半个世纪。

大凡历史稍长的学校，总会有属于自己的永恒风景。新思想沸腾于校园，图书馆灯火通明，学生在宿舍高谈阔论，一次次鼓噪政治参与，这便是北大前五十年独特而永恒的风景。自从新文化运动名扬四海，人们总是用追求民主和科学来赞许北大，所以鲁迅评价说：“北大是常与黑暗势力抗战的。”

在北大的前五十年，蒋梦麟是最重要的校长，但最有名的却是蔡元培和胡适。梁漱溟教授说：“蔡元培先生从思想学术上，为国人开导出一股新潮流，冲破了社会旧习俗，推动了大局政治，为中国历史揭开新的一页。”胡适的深远影响其实比蔡元培大，他还为北大留下了一首脍炙人口的诗歌——《希望》。今天，人们仍在传唱，把它唤作《兰花草》：

我从山中来，带着兰花草。种在小园中，希望花开早。一日看三回，看得花时过。兰花却依然，苞也无一个。眼见秋天到，移兰入暖房。朝朝频顾惜，夜夜不相忘。期待春花开，能将夙愿偿。满庭花簇簇，添得许多香。

——胡适作词、陈贤德和张弼作曲、刘文正演唱

有朋自远方来

创建北大，源于康梁的改革理念。这种理念的核心是“中学为体，西学为用”，为的是在世界上不落人后。所以，北大从一开始就不拒绝外来文化。洋教授、洋学生都曾在这里留下足迹，留下回忆。

京师大学堂时期，最早把学子派往外国的是管学大臣张百熙。他选出四十七名学生去海外留学，其中三十一人被派往日本。这是北大走向世界的首批学子。

北大的前半个世纪，对外交流比较正常。蔡元培校长曾说：“希腊民族吸收埃及、腓尼基诸国之文明而消化之，是以有希腊之文明；日耳曼民族吸收希腊、罗马、阿拉伯之文明而消化之，是以有今日欧洲诸国之文明。”一直以来，北大历届校长都把派员出访或留学、请洋人来讲学或从事研究当成是学校的基本工作。

这种正常的国际交流被“文化大革命”阻塞了二十多年。改革开放以后，北大逐步恢复并发展了与海外密切交流的传统，每年都要派教师出洋访问、讲学进修或参加各种国际会议，每年也会有一批又一批外宾来北大访问交流。

蔡元培时代，北大不仅是国内学者群星荟萃的地方，还吸引来了大批外国学术权威。他们或长期在此讲学，或频繁来访。美国哥伦比亚大学的实用主义哲学家杜威教授是胡适的老师，蔡元培并不十分赞同杜威的学术思想，却邀请他来北大讲学两年。

英国数学家和哲学家罗素也在蔡元培时代来北大讲学，引起一时轰动。

1921 年，蔡元培去欧洲考察教育，曾造访居里夫人和爱因斯坦，邀请他们也来北大

葛利普教授与北大学生在一起

讲学。只可惜爱因斯坦第二年访问日本，因为没能及时收到邀请函，与北大失之交臂。

美国有一位著名的地质学家叫葛利普。第一次世界大战中，葛利普教授强烈反战，一时在美国处境艰难。农商部地质调查所所长丁文江向蔡元培建议，请葛利普来北大地质系教书。

1920 年，葛利普应聘来到北大，担任地质调查所古生物室主任，研究和讲授中国古生物学。“卢沟桥事变”的时候，葛利普已经在北大教了十七年书，许多中国教授都是他的弟子。日军占领北京，67 岁的葛利普已

北大校园内的葛利普教授墓

经瘫痪，无法南撤，但他没有留在周作人留守的北大。

1941 年，日本偷袭珍珠港，太平洋战争爆发。只因为葛利普是美国人，日本人便把他关进集中营。抗战胜利后，葛利普的身体不行了，他再也没有回到北大教书。他申请加入中国籍，但在 1946 年回京后没过多久就去世了，他没能实现这个愿望。不过，葛利普的另外一个遗愿实现了，他被安葬在红楼地质馆，后随北大一同迁往燕园，一直安息在新北大的勺园荷花池畔。

提到洋教授，一定要讲讲斯诺。斯诺 20 世纪 30 年代曾在燕京大学新闻系讲授“新闻特写”“旅行通讯”等课程。他一边教书，一边搞他的新闻采写，记录那个时候发生在北京、发生在中国的许多新闻事件。全面抗战前夕，他亲赴陕西延安，采访中共领袖，写出轰动一时的《红星照耀中国》，也就是大名鼎鼎的《西行漫记》。

斯诺喜欢未名湖，经常在湖边散步。他在北京的住所是许多红色学生聚会的场所。斯诺冒着风险，支持和保护他们。1972 年早春，斯诺在瑞士日内瓦去世，临终遗言是，把一部分骨灰安葬在未名湖畔。第二年秋天，斯诺夫人洛伊斯按照先生遗愿，把骨灰送到未名湖畔。周恩来参加安葬仪式，叶剑英为墓碑题词：“中国人民的美国朋友埃德加·斯诺之墓。”

斯诺病逝后，有人提议，把未名湖改成“斯诺湖”，以纪念这位美国朋友。周恩来不同意，他说斯诺喜欢的，恰恰是未名湖，而不是什么“斯诺湖”。

北大还有一位美国教授温德，大家都亲切地叫他“老温德”。他

20世纪30年代就在中国教英文和西方文学，后来闻一多把他介绍给清华。全面抗战爆发后，温德也南迁西南联大。闻一多被暗杀后，他的骨灰好长时间都藏在温德家里。老温德喜欢体育运动，经常骑着自行车在未名湖边消遣。1987年，老温德在北京去世，享年99岁，他也被安葬在中国。

勺园是20世纪50年代北大的留学生宿舍区，那个时候留学生不多，一直到1966年

北大校园内的斯诺墓

“文革”爆发，来新北大留学的外国人只有1905人。其中波兰、匈牙利、捷克的留学生最多，其次是亚洲和非洲的一些发展中国家的留学生。

温德

在北大刚刚搬来燕园的时候，一位波兰小伙子住进了这里。一年后，他学会了汉语，去北京对外贸易学院（对外经贸大学的前身）继续学习。1994年，当年的小伙子兹·古拉尔赤克（中文名齐奂武）成了波兰驻中国大使。

外交部让我到别的国家当大使，我没有接受，我说我就要到中国。我认为我是在中国培养的，在中国有比较长期的工作经验。

——波兰原驻华大使兹·古拉尔赤克（中文名齐奂武）

还有一位，是巴勒斯坦原驻华大使萨法里尼。1972年，他在北大中文系学汉语，不断深入社会，成了中国通。1977年，本科毕业后，他和求学期间结识的老挝太太，去了老挝大使馆。1982年，他虽已是巴勒斯坦驻朝鲜大使，但仍然没断了跟北大的联络。他几乎每两个月就来北大一次，任务依然是学习，先后获得北大硕士学位和博士学位。直到现在，他依然为自己是北大的学士、硕士、博士感到特别自豪。

我总觉得很骄傲，因为我是北大毕业的，不但国内毕业的北京大学学生经常能在比较高级的位置上工作，国外也是。拿自己来说，我从1976年开始当国家的代表。当国家的代表我没有离开北大一天，我总为自己是北京大学毕业的学生而自豪。我现在的工作成果离不开北京大学的培养。作为大使，我在这里接触到很多的外国驻华大使，他们中的很多跟我一样，都是北京大学毕业的。

——巴勒斯坦原驻华大使萨法里尼

北大学生的宿舍不大，但留学生的宿舍不小，许多留学生很感激这种照顾。

照顾外国留学生，是北京大学比较美好的传统。我希望这种美好的传统，在下一百年也继续下去，那样的话我很高兴。

——日本兴业银行常驻北京代表细井

如今的北大，每年都要接收数百名外国留学生，其中有本科生、有研究生，也有来进修深造的学者。在最近的五十年里，全世界有一百多个国家和地区的过万名留学生在北大学习和生活过。

洋学生来北大留学，已经从早期的单纯学习中国话和中国文化，发展到在各个学科求学。他们学成回国后，有的成为新一代汉学家，有的当了外交官，更多的是从事经贸、教育、文化工作，还有的干脆留在中国，做自己喜欢做的事！

在北大进修过的加拿大人路士玮艺名“大山”，他在中国学相声，曾经家喻户晓。

北京大学是中国最好的大学之一，它在许多领域都处于领先地位，是许多杰出人才的摇篮。我很高兴地了解到，北京大学和加拿大的许多大学建立了密切联系，与其中一些最优秀大学也建立了更加亲密的关系，而且在过去几年中，它们的关系越来越紧密。我希望，他们今后的关系会越来越好。

——加拿大原驻华大使贝祥

1998 年春天，北大百年校庆的序幕刚刚拉开，美国哈佛大学校长陆登庭来到北京，提前向北大祝贺百年华诞。陆登庭校长应教育部和北大邀请来华，这是哈佛在任校长第一次访问中国。

— 风雨北大 — 水木清华 —

50年代的那一批（上）

马寅初，美国哥伦比亚大学经济学博士。1916 年，担任北大经济系教授，三年后，他被蔡元培校长提升为北大第一任教务长。光阴似箭，日月如梭。1951 年 6 月 1 日，马寅初受命担任北大校长，发表就职演说。

1927 年，北大校庆的时候，马寅初教务长发表演讲《北大之精神》。他说："国家可灭亡，而此精神当永久不死。"直到马寅初出任校长，他尚且不知，北大精神即将受到严酷的考验。

1951 年，周恩来在一次大会上讲："人才缺乏，已成为我们各项建设中的一个最困难的问题，而思想改造又是不可避免的，因为我们过去的思想不是受着封建思想的束缚，就是受着帝国主义奴化思想的侵蚀。"听了周恩来的报告，北大副校长汤用彤、副教务长兼中文系主任杨晦、代秘书长兼化学教授张龙翔，组织起"教师学习会"，请马校长出面邀请周恩来到北大演讲。

马寅初致信周恩来，请他来北大教师学习会做报告，同时邀请毛泽东、刘少奇、周恩来、朱德、董必武、陈云、彭真、陆定一、胡乔木做北大客座教授。

青年马寅初

1951年国庆前，周恩来来到北大，向一千七百多位师生做了题为《关于知识分子的改造问题》的报告，这次报告长达五个小时。他说："我们在学习和工作中，总有一个站在什么立场的问题，我们现在还不能说都已经站在工人阶级的立场上来看待一切问题、处理一切问题了。这不仅是你们诸位，就拿我来说，几十年以前就参加了共产党，是不是进了共产党之后工人阶级立场就那么清楚了呢？也许看书学习、写文章的时候是那样，但是到实践的时候，是不是办每一件事情都合乎工人阶级立场呢？认真检查起来，还是差得很远的。"

周恩来还说，知识分子到工厂去、到农村去，要学习工人阶级和劳动人民的思想立场。或许，周恩来说这番话的时候是温柔的，而且，他总是自己先检讨一番。或许周恩来自己也没有想到，后来的思想改造会是那样艰苦。

20世纪50年代初，中国基本上平静祥和，人民终于摆脱了各类战乱，北大的许多学术名流喜气洋洋地成了新政权的座上客。然而，1951年国庆过后，毛泽东在全国政协一届三次会议开幕词中说："思想改造，首先是各种知识分子的思想改造。"不过，教授们尚未领教的"思想改造"被接下来的院校大调整暂时冲淡了。

1952年，全国高校大调整，北大工学院划归清华，清华和燕京大学的文学院、理学院、法学院、北京辅仁大学的部分系科，全部并入北大。新北大从京城外迁西郊，占据燕京大学校园。美国教会的燕大从此消失。

我在清华时，总感觉清华的学校很大，非常开阔。我们当时从清华西门排着队进了北大的东门。但是我到了北大以后呢，一进来给我的感觉是，山明水秀，非常秀丽。一进东门就是未名湖。水塔、未名湖，就像花园一样，但是缺乏那种开阔的气氛，这是我当时比较突出的一个感觉。

——北大计算机系主任兼北大青鸟集团创始人杨芙清

杨芙清1951年考入清华理学院数学系，一年后，清华理学院并入北大，杨芙清随着清华数学系汇入北大数学力学系的数学专业。1955年，杨芙清本科毕业，又成为北大计算数学的第一位硕士生，师从原燕大数学系主任徐献瑜教授。随后，徐献瑜和胡祖炽、吴文达、杨芙清组建"北大计算数学教研室"，这是全国高校中第一个计算数学教研室。

北大物理系原本很薄弱，硬件条件甚至比不上今天的一所好中学。经过1952年院校大调整，物理系开始走向兴旺。整个20世纪50年代，北大物理系建立了学科。北大后来的技术物理系、地球物理系、无线电系，都是从50年代的物理系分化出来的。

1954年，16岁的甘子钊考进北大物理系。也是从这年开始，北大物理系改为五年制。

1959年，甘子钊还是如期毕业了，他考上了物理系硕士生。朱建士也是1954年考进北大本科，他是数学力学系力学专业的学生。

我是1958年“大跃进”毕业的，好像那个时候只有我们1958年毕业的没有做毕业论文，没有毕业考试就分配了。因为当时都是先分到各个地方搞“科研大跃进”，然后学校叫回来分配工作。那个时候情况比较特殊，各个地方都需要人。我跟王选住一个房间，他从上铺下来，晚上还会不小心踩了我的脑袋。

——中国工程院能源与矿业工程学部院士朱建士

这位踩过下铺同学头的王选，他主持研制的计算机汉字激光照排系统让中文印刷发生了革命性飞跃，终于告别铅字，迎来光电时代。就这样，王选被誉为“当代毕昇”。

1956年秋天，16岁的杨乐从江苏考入北大数学力学系。张广厚和钟家庆也考进同一个班集体。后来，他们都成了影响中国的数学奇才。

对当时的学生来讲，在大学阶段能有北大这样一个比较好的条件，应该说是相当难得的。可惜的是，我们走出校门几年以后就面临十年浩劫，其中很多人耽误了。如果不是这十年，我相信，同学中间涌现出的杰出人才、高水平人才，还要多得多。

——中国科学院数学与系统科学研究院院长杨乐

1956年9月，17岁的钱理群从南京考入北大中文系新闻专业。录取通知书上，北大以“东方莫斯科大学”自比。

当时考取北大的时候，北大的通知书上写着一句：“祝贺你考取了东方的莫斯科大学。”50年代不是学苏联吗？苏联的今天就是我们的明天！当时觉得考上北京大学就像考上了莫斯科大学那样兴奋。我当时走进北大校门的时候，有一种很庄严的感觉。

——北大中文系教授钱理群

从1956年到1961年，杨联康在北大地质地理系地貌专业度过了五年时光。物理系的气象学教授是李宪之，在这个领域，李宪之是世界二号人物。北大在学术上的高峰位置让学生从一开始就发奋学习，接受巅峰学问。杨联康回忆，当年入学时见到地质地理系强大的教师阵容后，心灵受到很大震撼。

一进学校的时候，首先看到的就是各个系都在他们的系办公室或者系办公楼前面用很大的幅面写出自己的教师阵容。比如说，我们一看物理系，十个学术委员，周培源、黄昆、褚圣麟……然后下面有多少位教授，有多少位博士，一个个都写得很清楚。这首先给人营造了一个氛围，什么是中国科学技术的最高峰？科学技术高峰就在这里！

——地质矿产部研究员杨联康

蒋筑英是中国一流的光学专家。1956年到1962年，蒋筑英在北大物理系读书。

有时候，他也说他们在北大学习什么的。像他在北大吹小号什么的，都是他死以后通过报道才知道。别人说的，我都不知道，他也没提过。他在北大念书的时候很少回家，因为他家条件不好，没有那么多钱，一方面是给家里省些钱，另外在学校还多学习一点。

——蒋筑英遗孀路长琴

蒋筑英死后，成为当年中国知识分子的楷模。他的生平事迹被拍成电影，用来教育全国知识分子。

50年代的那一批（下）

1957年，马寅初校长在全国一届人大四次会议上做了《新人口论》的发言。马校长认为，1949年以后，中国人口增长过快，势必会造成国民收入中消费资金的增长，而积累资金相应减少。人口如果不及时控制，后果很严重。

马寅初通过调研，提出以节制生育、提高人口质量为中心的“新人口论”，同时提出综合平衡、按比例发展的经济理论。也正是因为这一理论，50年代末一场批判马寅初的运动在北大兴起。当时的北大校园，大字报一直贴到燕南园63号马家小独楼。

那个时候，《光明日报》开辟专栏，全国大报连篇累牍，发表近六十篇批判文章。

马校长抱着学者态度，认真阅读这些文章。在随后的一年里，他连续在《光明日报》和《北京大学学报》上发表十多篇文章，为“新人口论”辩护。他宣布，在人口问题上，“不管怎样艰难险阻，决不后退半步”！1959年严冬，马寅初在《重申我的请求》中决然说：“我虽年近八十，明知寡不敌众，自当单身匹马，出来应战，直至战死为止，决不向专以力压服、不以理说服的那种批判者们投降！”

1960年，马寅初被迫辞去校长职务，再没回过北大。此后，他在学术界保持沉默二十一年。1979年，中共中央派员上门拜访，为当年的错误批判向马寅初道歉，为他恢复了名誉。1982年，马寅初过世，享年100岁。

有一对痴迷于考古发掘的夫妻，先生叫李恭笃，太太叫高美璇。在马校长横遭批判的1958年，他俩考进北大历史系考古专业。毕业时，他俩结成夫妻。

我们俩以前也是一般同学，就是到了大

马寅初在家中读书

学五年级以后我觉得他挺有抱负、挺有理想、挺能吃苦的，所以我就挺愿意和他接近。

——辽宁博物馆研究员高美璇

李恭笃夫妇的杰出贡献是，第一次在辽东半岛发现青铜时代的文化遗迹。在极为艰难困苦的条件下，他俩靠着顽强的毅力和敬业心，在太子河畔奋斗了二十年。他们在15万平方千米的土地上，发掘了1000多座古墓，考察了数百个溶洞，获得了大量弥足珍贵的历史文物。

我们没有做这个工作以前，整个辽东地区，特别是辽东山区，在文物上、考古上以及在理论上、在实践上，基本是朦朦胧胧不太清楚的。什么样的东西是新石器时代的，什么样的东西是青铜器时代的，这个界限划分得并不太明显。

——辽宁博物馆研究员李恭笃

考古发掘是一项寂寞的工作，也是一项注定贫穷的工作。在这个从业者极少的行业里，考古学家又个个显得古怪。他们如醉如痴地沉浸在远古的世界里，行为举措总是让人瞠目结舌。李恭笃夫妇1963年来到辽宁，大半生都在荒山野岭中度过。野外没地方理发，李恭笃常常披散着头发，活像洞穴人。夫妻俩的脸和脖子，有时甚至长出一层“黑鳞甲”。有的时候，夫妻俩“出田野”，会背上5岁的小女儿一起上山，但更多的时候，是把女儿留在家。他们的家是一间废弃的教室，几张桌子拼在一起就是床。有一次，女儿在家，夫妻俩去钻山洞，结果驻地发了大水，大水顺势漫进他们的破房子。小姑娘在水中不知所措，幸亏一位农妇相救。事后，那位农妇责备李恭笃夫妇：“你们不配做爸妈，你们是一对疯子！”

让这对“疯子”唯一感到欣慰和自豪的是，二十年心血换得一部四十万字的学术专著《马城子——太子河上游洞穴遗存》。这本书，填补了北方史前文化的研究空白。

杨联康是地质矿产部的高级工程师，他跟李恭笃、高美璇一样，在自己的领域之外寂寂无闻，在自己的领域内却大名鼎鼎。他回忆在北大读书的情形，觉得印象最深的是北大如父如兄般的老师们。

在那个时候，应该说，一些有名的地质学家像黄汲清先生、张文佑先生，我们都听过他们的课。一些有名的地理学家，我们也都听过他们的课。我们的老师特别会循循善诱，主要教我们课的老师一位叫曹家欣，一位叫欧阳青。在教书上，他们是老师；待人方面，你可以讲，他们是大哥哥大姐姐，又有点像叔叔阿姨。

——地质矿产部研究员杨联康

地质地理系的毕业生，多半得去偏远的地区。毕竟，大城市的水泥路面上，发现不了什么稀奇的地质现象。1961 年，杨联康自北大地质地理系地貌专业毕业，去了甘肃兰州。那里是研究黄河发育史的好地方，黄河正好从兰州穿过。但“文化大革命”当中，杨联康被打倒了。在监狱里，他还是抱着探究黄河的希望。1979 年，杨联康回到北京，开始筹备徒步考察黄河和长江。

从1981年7月21日到1982年5月31日，杨联康用了十个月时间，从黄河源头出发，走完了黄河全程。在黄河源头，他的脚指甲冻掉了，他却无怨无悔。1982年8月24日，杨联康又开始从源头徒步走长江，1984年5月31日回到北京。

在三峡峰顶，杨联康发现了珍贵的古河床鹅卵石。这说明，古长江曾在现在的山顶上流过。这个发现让国际学术圈震惊不已。许多学者向他高价索取这些石头，他一概不卖，只送了几块给中国台湾的学者，但分文不取。

此后，杨联康走遍了中国的所有大河，又走遍了世界上所有著名的河流。

这几位学者，虽然成就很大，但老百姓未必知道他们的名字。不过接下来这位，他的名字无人不知，无人不晓，这就是蒋筑英。蒋筑英从北大物理系毕业时，曾接到母亲要他回杭州工作的家信。父亲蒙冤入狱，母亲含辛茹苦地供蒋筑英读完了大学。但是蒋筑英的目标是吉林长春，那是中国的光学基地。最后，蒋筑英还是报考了中国科学院长春光机所所长王大珩院士的研究生，没有回到杭州。

1965年，蒋筑英取得硕士学位，建起了中国第一台光学传递函数的测量装置。那时，蒋筑英不到30岁。

因为父亲有“历史问题”，蒋筑英一直是整肃对象。他忍辱负重，埋头于光学世界。

他这个人非常能宽容人，尤其对“文化大革命”整他的那些人。他当领导的时候，有个整过他的人出国。别人都说，你看那时他那样整你，你要让他出国，回来还不吃了你？他说不能那么看，他这个人事业上还是行的，让他出国，以后对工作有好处。

——蒋筑英遗孀路长琴

1979 年，蒋筑英在德国进修期间，听说长春光学精密机械研究所要提拔他，便写信回国，希望先提拔那些比他贡献大的人。1982 年，蒋筑英带病出差四川，再也没能回到长春。

蒋筑英在王大珩的指导下进行研究工作

他到了成都以后，马上到吃饭的点。成都的饭都比较辣，刺激了他的胆，他有胆囊炎，化脓感染以后他的肺都充水了，呼吸上不来了。

——蒋筑英遗孀路长琴

蒋筑英病逝的时候仅仅 43 岁，十个春秋过去，蒋筑英的父亲也过世了，白发人比儿子还多活了十年。

恢复高考后的北大

1977年，中国内地恢复高考制度，北大迎来了一个新时代。当年，北大有一首非常简短的诗，题目是《图书馆》，全诗只有一句——“图书馆，轰轰烈烈的沉默”。这首超短诗，传达出浩劫过后北大学生刻苦读书的气息。静静的图书馆里，确实有一种轰轰烈烈。当时，有一句全国民众共用的口号——“夺回被‘四人帮’耽误的时间”。因为百废待兴，人人感到时不我待。

恢复高考的决定做得太迟，所以夏季考试不得不推至年底进行。于是，77级学生必须推迟半年，1978年春节过后再入学。为此，他们成为北大历史上唯一一批春季入学的大学生。他们要上四年学，但不是1981年毕业，而是和78级学生一起在1982年毕业。那时规定，30岁以下的年轻人都可以参加高考。教育部还特别指出，要注意招收1966年、1967年两届高中生。

因为是刚刚恢复高考，考上的人鱼龙混杂，年纪大的家里有好几个孩子。当时分不清老师是谁，学生是谁，现在基本上都能够分清了。另外，那个时候学生穿的都比较土，有好多是从农村考上来的，穿的还是村里的衣服。鞋呢，是手工做的那种，好多穿着陕北鞋子。

——作家刘震云

那时我们班里，最大的都快40岁了，最小的才18岁，最大的都可以给最小的当父亲了。

——导演英达

有的小同学问我："我怎么称呼您呢？我是不是应该叫您'叔叔'？"我说："那不行，咱们是同学。不管年龄多大，我们都是同班同学，你叫我'老刘'就行了。"这个也有好处，年龄大的，有丰富的阅历和人生经验，年纪轻的虽然没有这些，但是他们有青春的活力，在一起可以互相激发。

——《光明日报》原经济部主任刘志达

全国的青年都在这三年竞相走进大学校门，这样，在同一所北大同一个班级里，既有少量的高中应届毕业生、小娃娃，也有年过而立、为人父母的老青年。学生中，大多数人当过矿工、纺织工、士兵或者下级军官。

——作家刘震云

我们那会儿上大学太难了，十年动乱，所有的年轻人都挤在了一起。考大学是改变自己命运的唯一出路。当时我们大概是一百人收两个人，竞争非常激烈。我在准备高考的两年之中，没有看过一次电视，平常的娱乐活动统统没有。就这样，才考上北大。

——导演英达

当时，像北大这样的名牌大学，凭借严苛残酷的筛选，一下子会聚了一批最优秀的学生。不过，刚刚经过“文革”摧残的北大，为学生们提供的硬件设施实在太差了——图书馆座位紧缺，食堂里座位也不够。

当时教室也没有现在这么多，所以找一个自习的地方很困难，当时人们感到最头疼的就是缺少一个自习的位子。

——中国人民大学中文系副教授马相武

也许现在的北大跟很多别的学校——尤其是跟国外的学校比，条件还差一些。但是，现在的北大跟我们那时比就很富了！我们那时在北大，那真叫穷。大家都站着吃饭，图书馆、教学楼学习的座位都不够，还得去抢座占座，搞不好路灯底下看书看一晚上。

——导演英达

20 世纪 70 年代末考进来的北大学生，人人都有一种时间上的紧迫感，也有很强的责任感。这时的高考难度极大，许多地方甚至出动军

队和警察维持考场秩序，可以说是戒备森严。在这种情况下考进北大的学生，有一种发愤苦读的天然冲劲。

我们上学时，不让谈恋爱，所以在校园里，看到的都是一帮土里土气的男孩子在一块儿走，还有土里土气的女孩子在一块儿走。男女两个人在一起，好像自己也感觉不对劲。

——作家刘震云

有一次，我骑车急匆匆要赶往一个地方，正好有个同学背着两个背袋横穿马路。我骑着自行车，总以为他看到旁边来辆车，会站一站，躲一躲，但这个同学所有的心思都在学习上，绝对的心无旁骛，根本没有躲我这个车。我车一下没刹住，从他后面一绕，车的前轮子一下轧在他的后脚跟上了。我这一轧，那个同学就来了一个踉跄，差点摔倒，腿往下一跪。我这一看，赶快刹车说“对不起”。这个人居然没有看我一眼，事情就像没发生一样，自己接着往前走。当时我们就是这样子的。

——导演英达

除了刻苦学习，这一代北大学生还有一种强烈的社会使命感。旧山河要从头收拾，新时代正在开始。问题重重，困难重重。他们和全国人民一样憧憬着，同时也困惑着。这时候，北大学生喊出了一句日后回响了好几年的响亮口号——“团结起来，振兴中华”。

1981 年，刘志达正在北大中文系读大四。3 月 20 日晚上，中国男排和韩国男排在中国香港伊丽莎白体育馆进行决赛，争夺参加世界杯的出线权。这场球赛的受关注程度也许超过今天的任何一场球赛。那时的国人总是把体育赛事与政治结合得很紧，运动员每得一分都是为国争光。正是因为这样的情结，集中在电视机前看电视转播的北大学生把节节取胜的中国男排看成民族英雄。由此，他们又想到民族命运，想到自己的社会责任这样一些严肃的问题。那场球赛以中国男排得胜告终，北大沸腾了。

看了这个转播很兴奋，激动不已。后来学校里有很多同学就敲盆敲碗，然后就发展到在校园里游行，喊口号。一开始喊的其实是“中国队万岁”，走到留学生楼前，因为有很多外国学生也在观看，这个口号自然变成了“中国万岁”。当时我正在队伍前面走，有一个同学从后面追上来，我也不认得他是谁，他跟我说：“我们换一个口号。”我说：“换什么口号？”他说换一个：“团结起来，为中华的崛起而奋斗。”我当时想，这个口号是挺好的，好像是周总理年轻的时候说过的一句话。口号是相当好，但是怎么喊，太长了！我当时也没怎么思索，就说：“这个太长，喊团结起来，振兴中华，行吗？”他说：“行。”当时我就请两个同学把他抬起来，他就拿手卷成喇叭筒，对队伍喊道：“哎，同学们，我们换一个口号好不好？喊团结起来，振兴中华！”大家就跟他喊了两遍。

——《光明日报》原经济部主任刘志达

20 世纪 70 年代末，北大在社会思潮方面仍像五四时期一样，敢于开风气之先。当时的北大学生有着“天将降大任于斯人”而“舍我其谁”那种担肩自诩的精神状态。救国报国，是他们最朴素也是最纯真的思想感情。

77级和78级的学生毕业前还发起了另外一个活动：倡议募捐，为蔡元培和李大钊制作雕塑。李大钊铜像很快落成了，落成典礼十分隆重，但蔡元培像颇费周折。蔡元培曾经支持蒋介石1927年“清党”，这让受害不浅的共产党人多少有些不快。不过，大家还是想通了，不再计较旧怨。

70年代末的北大，学习和生活的硬件设施很差，但软实力很强大。这时候，有一大批四五十年代执教讲台的教师，他们不仅正当壮年，而且学问深厚。

不用说其他系的著名学者，就有我们系，就有像杨晦先生、吴组缃先生、林庚先生，还有很多，像季镇淮先生。这些学者的名字都如雷贯耳，我们都是喜欢文学的，他们对我们来说，如同高山一样。我们现在能够面对面听他们讲课，都觉得是一个非常宝贵的机会。

——《光明日报》原经济部主任刘志达

走进80年代

青年费孝通

当时的北大教师，“臭老九”的帽子刚刚摘掉，物质生活和教学条件依然窘困。很多老师四五十岁了，连个讲师都不是，都是若干年之后才得到了早在十年前就应该得到的副教授、教授职称。过去被冷落或被打倒的北大教授又直起了腰板，校园外一批有名的老学者再次会集北大。社会学家费孝通就是其中的一位。

费孝通 1930 年从东吴大学医学系转到了燕京大学社会学系，弃医从文。

当时我认为，中国主要的问题不是一个人两个人生病的问题，而是大家普遍的穷困。我在文章里边讲，我在博士论文里讲，我说中国真正的问题是饥饿问题，吃不饱啊！

——北大社会学人类学研究所原所长费孝通

1935 年，费孝通从清华研究生院毕业，之后留学伦敦大学政治经济学院，学习社会人类学。三年后，费孝通获得博士学位。回国后，他在云南大学做教授，同时在西南联大兼课。后来，费孝通干脆调进联大，在清华研究生院教研究生。

直到 1980 年，费孝通才成为北大社会学教授。此时的北大校园就是费孝通读本科时的燕大旧址。两年后，三十年前被取消掉的北大社会学系完成复建。

阎俊杰在中国人民大学读农业经济时听说了费孝通在北大教授社会学，于是 1985 年考研时他的首选目标便是北大社会学系。

20 世纪 50 年代初，费孝通在贵州

费老跟雷老他们，为了中国社会学的引进和发展，的的确确做出了非常艰苦的努力。当时费老以乡村调查的方式，力图解决中国深层次的社会问题。

——北京达因集团董事局主席阎俊杰

回北大主要有两个考虑，一个当然是北大的国际声望比较高，第二个重要的原因就是，在北大这个地方，有一个费孝通教授创办的社会学和人类学的研究所。

——北大社会学人类学研究所教授王铭铭

1979年的流行词有许多，其中“平反昭雪”和“恢复名誉”出现频率最高。这让当年的国人非常感谢邓小平。对此，马寅初也深受感动。

那时候我赶快去找了一块手绢，因为没想到，他会在那种场合流眼泪。

——马寅初之孙马斯泽

那一年，中共中央和中共北大党委书记专程上门致歉，为他“恢复名誉”。马寅初的愿望是回北大看一看，但没能如愿。不过，他还是担任了北大的名誉校长。1982年5月10日，马寅初教授与世长辞，享年100岁。

20世纪80年代是一个思索和渴望奋飞的年代，那时留给今天的回忆几乎全部是奋发向上的。1981年，中国男子排球队在世界杯排球赛的亚洲赛区预选赛上反败为胜，战胜世界排球劲旅韩国队，同中国女排双双夺冠。电视转播一结束，大学生就结队游行，喊着“团结起来，振兴中华”的口号，这就是当年青年知识分子的心声。

胡坚是北大经济系81级研究生，她清楚地认识到，80年代和90年代学生的差异。

20世纪80年代的学生相比90年代的学生，最大的区别就是比较理想主义。他们对以社会国家为己任的这种观念反应特别强烈，有点热血青年的劲头，理想主义的成分比较多。90年代的学生比较务实，这并不是说没有理想了，但是他们的理想是比较实实在在的。

——北大经济学院原副院长胡坚

事实上，80年代北大学生的理想并不全以激烈的方式呈现。在三十五周年国庆大典上，北大生物系学生瞒过进入天安门广场时的例行安检，把一块白布揣在袖子里，他们想让邓小平突然看到他们朴素的心声。这块白布上，写的不是“邓小平万岁”，而是“小平您好”。平民和领袖之间如此轻松的问候，很难想象会发生在其他学校。

那个年代，北大学生的许多思想和行为，目的是要冲破70年代的束缚。

一年级开学的时候，朱教授给我们上第一堂课，他说:“你们可以听，也可以不听，可以来，也可以不来，四十五分钟真正有新意的也不过一两分钟。考试你们也不要害怕，我现在就把考题给你们写在黑板上。”当时大家觉得这门课真轻松啊，可以偷懒了，但实际上呢，由于朱教授很高水平的讲课，几乎天天爆满。对这个事，我想大家不要说北大这么随便，没有章法，大家应该从另外一个意义上去理解，老师讲这话的意思，并不是说把学生赶出课堂，而是让学生独立思考，自由选择。

——北大方正奥德公司原董事长渠万春

在其他大学，我们没有这么好的学生。你们不在大学教书，不知道学生对老师的那种影响，学生对老师的那种刺激，所以我老说，大学不同于其他地方的就是精神交流。你必须跟学生对话，在这种对话过程中，你影响他，他也影响你。我的有些学术课题正是在跟学生的交流中谈出来的。

——北大中文系教授陈平原

在知识分子心中，北大或许是理想中的精神圣地，但在老百姓心中，北大是不稳定的活火山。近年来，在对北大和清华的比较中，大家常常觉得清华更踏实，更实干。因而在常人的印象中，清华是秩序和技术的象征，而在北大住着的不过是些为所欲为的人。

清华总体上给我的感觉比较踏实，比较具体，如果不太注意的话，就会出现一种缺点，可能相对死板一点。北大给我的感觉是比较活跃，比较开阔，但是如果不太得当的话，有可能会觉得比较浮夸。

——北大环境工程研究所所长倪晋仁

清华因为是工科学校，所以注重于教学生怎么做。北大是综合性大学，它非常注重理科的培养，就是基础的培养，所以它不仅教学生怎么做，而且要教学生为什么这么做。

——北大计算机系主任兼北大青鸟集团创始人杨芙清

做博士生期间，我在清华大学的一个导师一直有个想法，希望地学能和水利交叉结合起来。他生前一直呼吁这件事。

——北大环境工程研究所所长倪晋仁

从1982年开始，倪晋仁在清华水利工程系攻读硕士和博士学位。1989年，他又在北大城市与环境学系做博士后。于是，清华倪晋仁成了北大倪晋仁。

1991年，倪晋仁被北大城市与环境学系地貌学专业聘用为副教授，开始带硕士研究生。此时，倪晋仁只有29岁。第二年，30岁的倪晋仁晋升为教授。在他的带领下，北大城市与环境学系在深圳河治理工程中竞标成功，金额是650万港元。

1995年夏天，倪晋仁创建北大环境工程研究所。最初，研究所没有一分钱，没有办公室，人员只有倪晋仁和他带的一个研究生，师生俩做着一些不到10万元的泥石流项目。仅仅一年之后，倪晋仁开始承接有档次的大课题！

一百年来，北大有一个理想从未改变，那就是，不仅在中国的教研领域始终保持顶尖地位，而且有一天能与世界学术水准并驾齐驱。对于这一点，从事基因研究的唐建国教授既为北大的历史自豪，同时也感到，北大要想达到理想的高度虽并非易事，但也未必全无可能。

再过二三十年，如果在经费上能够得到很大的补充，加上我们在国外几十万的留学人员中有一部分杰出的人物能够回来的话，我想我们国内是可以逐渐把水平提高起来的。也就是说，我们国家很快可以跟国际水平接轨。

——北大生命科学学院教授唐建国

比技术，老北大肯定不如今天的北大。但如果比思想水准和对社会的影响力，甚至比一比道德自律，新北大未必可以高枕无忧，沾沾自喜。

有一次，我跟一个同屋的学生在楼下食堂吃饭，他找不着饭盆了，回头一看，正好是一个外系学生在用他的饭盆。他就过去说："哎，你怎么用我的饭盆。"外系的学生很有意思，他就打开一个柜子，拿了另外一个饭盆，把他的粥倒到另外一个饭盆，然后把这个饭盆还给我同学。我同学说："你怎么不给我洗一下。"然后他摇摇头走了。整个事情非常平淡，而且没有任何争执。我想，这种遇事的态度及风气，可能只有在北大会有，换一个地方，应该是另外一种结果。

——北大方正奥德公司原董事长渠万春

最后的圣人

在北大图书馆和本科生宿舍楼群之间，有一片相对独立的区域，被围墙围着，仿佛园中之园。这里三三两两，散落着 15 座二层小洋楼。这里面住过的曾是 20 世纪最伟大的学者。他们不仅学识渊博、道德高尚，而且个性鲜明。在金钱纷扰的世界，他们堪称“最后的圣人”。

据说如果青竹不生长在特殊的地方很不容易成活。所谓“特殊的地方”，指的是有园丁收拾或是仙人居住的地方。

像北大许多“圣人”的家一样，朱光潜家附近也多青竹。朱光潜是美学家，安徽桐城人，在香港大学教育系读本科，自 1925 年开始，先后在英国爱丁堡大学、伦敦大学、法国巴黎大学求学。八年后，朱光潜获得博士学位，回北大外语系任教。抗战期间，朱光潜没有随西南联大去昆明，因为太太是四川人，朱光潜去了四川大学，做文学院院长，后来又到武大外语系任教。在激烈的派系斗争中，他出任教务长，并且加入了国民党。这是他回国后唯一一段脱离北大的日子，也为他日后遭批判埋下了祸根。1946 年北大复校，朱光潜回到北大，直到病逝。

1949 年之前，朱光潜可以选择去欧洲，也可以选择去中国台湾，他没有料想留在北京会是什么命运，但总之，他毫不犹豫地留在了北大。“文化大革命”中，这位美学泰斗，无可避免地受到残酷冲击。造反派和邻居频繁抄他的家，他能读的书，只剩下《毛泽东选集》，图书馆只借他“马列主义六本书”。

青年朱光潜

他干事很执着，而且不受外界影响。要是我就不干了，本来一直到他死都是“反动学术权威”，我觉得大没必要接着干。我说你干点什么不好，你不用搞那个，但是他要坚持的东西他一定要坚持到底。“文化大革命”时，我们家所有的书都封了，除了“毛选”以外，就不让看任何书了。不是有“马列主义六本书”吗，当时他从图书馆就借了那六本书的原文，他把那六本书重新给校了一遍。他认为里面有很多错误，他就用铅笔密密麻麻地写在那本书上。我说你干什么用啊！他说有些错误，大家在学马列主义，有些东西翻错了，给人理解错了，不是真正的马克思说的。他说，我觉得不对，我要给它改过来。

——朱光潜次女朱世乐

朱光潜笃信锻炼，“文化大革命”爆发时，他已是70岁的古稀老人。当年一起关进“牛棚”的季羡林教授回忆说，朱光潜白天接受“劳动改造”，晚上钻进被窝还要练习自编的健身操。每天一大早，他还要偷偷跑到某个角落去打太极拳。当然了，老人家总不免被监管员抓住，狠狠批判一通。

“文革”中，瘦小枯干的朱光潜经常被施以“喷气式”批斗，下肢几乎瘫痪。“文革”结束后，他以超级缓慢的动作坚持每天跑步，竟然把身体给跑好了。那时，每天下午四点钟，燕南园北口总会慢慢“跑”下一位白发小老头。他会在各系办公室的院门外艰难地“跑”过，再“跑”过司徒雷登女儿住过的南阁北阁，一直“跑”到未名湖畔，静静地坐进长椅，然后默默地“跑”回燕南园66号那座灰色的小洋楼。

他是个很普通的人，不认识的人根本不会想到他是个教授。与其说他像个名教授，还不如说他像一个退休工人。他生活也很普通，要求也不高。我觉得他在国外比国内有名。

——朱光潜次女朱世乐

朱先生过了 83 岁，身体差到了极点，但他还是决定倾其暮年之力把维柯用意大利语写的《新科学》翻译成中文。朱光潜精通英语、法语、德语，这一次，他要挑战意大利语！维柯的专著，以深奥著称，并且广泛涉及西方文化的诸种领域。能胜任这项翻译工作的，除了朱先生别无二人。

当时他已经不能干很多工作，但是他要给后面的人积累些资料，让他们有参考资料看，所以他就要把这些资料翻译出来。

——朱光潜次女朱世乐

1986 年，朱光潜在完整译稿上签上名，之后便病倒了。朱光潜脑出血，北大校车队不愿派车，校医院借担架必须先付押金。等送到友谊医院，朱先生已经仙逝，享年 89 岁。两个月后，维柯《新科学》的中译本问世，朱光潜教授却没能等到这一天。

北大圣人的往事，有的听起来让人痛楚，有的听起来让人觉得清风扑面。当年，朱自清从北大哲学系毕业，当上了清华中文系的教师。王瑶是朱自清的研究生，就连老师抽烟斗，也学成了自己的习惯。王瑶清华毕业，在北大中文系教书。他指导博士生，不用去教室上课，只要每星期来家里喝茶聊天，也用烟斗熏陶着他们。

王瑶是北大圣人中寿命最短的一位，但他 74 岁时，还以为自己能活到下个世纪。他沾沾自喜地对访问他的记者说，长寿秘诀有三：一是抽烟，二是喝酒，三是不锻炼身体。就在他发表健康宏论的第二年，王先生在愤怒和忧虑中离世，享年 75 岁。

北大还有一位王姓圣人，就是大名鼎鼎的语言学大师王力，他活了 86 岁。

王先生编著的四卷本《古代汉语》，世界上不知有多少汉学家曾经受益于它。据说这四卷《古代汉语》为王力教授带来了巨额版税。有传言说，燕南园南侧的工商银行中，半数存款是王先生的。王先生晚年的时候，既是老人，又是孩童。他曾拉着 20 世纪 80 年代入学的学生的手说，听说你们班出了一个陈建功，小说写得很好。实际上，陈建功是 70 年代的学生，当时早已毕业离校。提起“文化大革命”，王力没有痛斥这场灾难和浩劫，他耿耿于怀的是红卫兵娃娃竟然伸手摸他的光头，他觉得这是莫大的羞辱。

中国科学院半导体所原所长黄昆院士，在西南联大的北大理科研究所获得硕士学位，曾经长年在北大物理系从教。他没有说出一句响亮的格言，他的话平淡无奇，但一样打动我们。

到了科学院以后，他们说要分大房子给我，我觉得没必要。那时候就我们两个住在这儿，而且当时有些年轻人，因为没房子不能结婚。我觉得我们没必要多占房子，占多了好像也说不过去。

——中国科学院半导体所原所长黄昆

季羡林教授是北大东语系的创始人。半个多世纪以前，季羡林来到北京，同时报考了北大和清华，而且同时被北大和清华录取。因为清华出国的机会多，少年季羡林放弃了北大。从清华毕业后，季先生如愿以偿地去了德国，最后拿下博士学位。

第二次世界大战，让季羡林在德国一待就是十年。1946 年，季羡林听说清华原国学院导师陈寅恪教授在英国治眼病，便给他写了封信，希望能回北京教书。陈寅恪向北大校长胡适推荐季羡林，季羡林终于做了北大副教授。

按照北大规矩，在海外得到博士学位的人只能先做副教授，经数年教研之后才能晋升教授。然而，季羡林来北大一个星期便升为教授，并担任东语系主任。

是人创造了上帝，不是上帝创造了人。这话究竟应该怎么理解，我个人认为，这话简直太简单化了。

——北大原副校长季羡林

这位做过北大副校长的大学者在上帝和人的关系上显然做了更深层次的思考。“文革”期间，季羡林的工作是为学生宿舍看门。每一天，季羡林都要在纸条上抄录一段印度史诗《罗摩衍那》的梵文原著，然后去学生宿舍做门房。干杂务之余打开纸条看一眼，偷偷思考，做好翻译腹稿，下班回到家赶紧记下来。如此艰难时世中，季羡林还是完成了对这部梵文史诗的翻译。在正常的年代，季教授数十年如一日，每天凌晨四点起床，吃几片烤馒头，喝杯茶，就坐在书房里工作到早晨七点，然后去学校上班。

四十多年前，北大朗润园的池塘里盛开着莲花，不知为什么后来成了空塘。有一次，季先生的朋友从湖北来，带来洪湖莲子。季先生撒籽湖中，四年后，这里竟恢复了往日的莲池。历史系周一良教授搬到朗润园，称这片莲花为“季荷”。可惜的是，北大百年校庆前夕，这里又成了空塘。

荣耀与危机

在一个没有圣人的学校，学生是断不敢张狂的，而跟北大学生聊天，常会听见他们说“我们北大”，“我们北大”成了北大人衡量世界的标准，不过没办法，北大有圣人。实际上，一百多年来，北大人不管是自夸还是自贬，心里都会有两种声音，一个声音说着百年光荣，另一个声音说着百年危机。北大的下一个一百年会怎么样，完全取决于这两种声音的平衡。

北大百年校庆那一天，银河系一颗小行星将靠近太阳，成为茫茫宇宙中耀眼的亮点。这颗小行星被北大兼职教授陈建生发现，它被命名为“北京大学星”。这是陈建生献给北大百年校庆的礼物。

太阳、火星、地球，基本上在一条线上，刚好走到一条线，所以从地球上来看，看到火星和太阳，同时可以看到北京大学星。这儿写着：“为纪念中国最早的国立大学北京大学一百周年校庆而命名。”

——中国科学院国家天文台研究员陈建生

回溯北大历任校长会发现一个有趣的现象：在最近的二十年里，除了吴树青校长之外，其他每一任校长都是理工科出身，但“文革”前的校长，比如蔡元培、蒋梦麟、傅斯年、胡适、马寅初，几乎都是文科教授。即使是严复，学的是海军，但仍然具有浓重的文人气质。

周培源教授是力学家，1978 年至 1981 年担任北大校长。他从马寅初做校长时开始，一直是副校长。周培源之后，生化学家张龙翔教授当了三年校长。而后是数学家丁石孙教授做校长。

1989 年秋天，经济学家吴树青教授由中国人民大学调来北大，接替丁石孙校长。他是近二十年里北大校长中唯一一位文科学者。

1996 年，核物理学家陈佳洱教授接任北大校长。北大的物理研究室被称作“中国培养原子能人才的第一基地”。从 1955 年开始，陈佳洱就没离开过这个研究所。生物学家陈章良是副校长，30 岁的时候，他夺得过侯赛因奖，成为中国内地最年轻的教授。

在我看来，中国有个性的大学不多，而且在目前的情况下，生存的压力以及周围的环境有可能使得北大的个性逐渐地丧失，所以我希望北大还有个性，还有精神，用鲁迅的话来说：“北大不能失精神！”

——北大中文系教授陈平原

我觉得北大应该有一种很深刻的危机感，就像我们的国家现在也应该有一种很深刻的危机感一样。毛主席在 1949 年针对国歌就说过，要居安思危，所以始终不同意改掉国歌里的一句话，就是“中华民族到了最危险的时刻”。

——北大物理系主任甘子钊

在国外，学生到机房中可以随便用机器。我们现在的本科生，还做不到这一点，所以有很多学生自己买了计算机。

——北大计算机系主任兼北大青鸟集团创始人杨芙清

在西方，在英国、美国、法国、德国这些发达国家，甚至东亚的日本和韩国，所有的正规大学，都必须设有人类学的课程和博士点，但是，在北大呢，一直无法做到这一点。

——北大社会学人类学研究所教授王铭铭

北大教授们自己的盛世危言不禁让人为北大担忧。可是去其他学校看看，北大还是须仰视才能看得见的排头兵，所以说重了，聊以自省，说对了，可以亡羊补牢，北大毕竟是历史荣耀和现实挑战的集合体。

中国读书人没有经商传统，他们以天下兴亡为己任的观念往往是从政治角度出发，并不过多涉足经济。不过，现在已经不是太学时代，读书人除了坚守书斋，参政议政，还应该关注市场。否则，不仅天下兴旺不起来，可能连书斋也保不住。

早在蔡元培时期，北大就办过学生银行。改革开放以后，北大还创建了方正集团。

北大方正起家，靠的是汉字激光照排系统。这个系统虽然 1985 年就已经被新华社应用，但商品化程度并不高，没能形成产业。1986年，北大创办“方正集团”，对激光照排系统进行市场开发和销售，很快使它成为成熟商品。1997年，激光照排系统的营业额就有60亿元。

北大方正是靠一批有市场头脑的科学家和一批有科学头脑的企业家的结合才发展壮大起来的。

——北大计算机研究所原所长兼北大方正集团创始人王选

激光照排机和方正软件投入市场后，迅速占领了中国市场，到1991年，已经把同类产品的外国厂商全部挤出了中国。

中国古人在诗歌中创造了“青鸟”的意象，说青鸟是传递信息的。1994年，杨芙清教授便以“青鸟”为名创建公司，从此，一种叫作“青鸟系统”的电脑技术转化成了商品。四年后，北大青鸟公司的产值超过2亿元。

我这两年到美国去，跟他们进行一些交流，他们觉得我们现在研究的东西在美国也是刚起步。

——北大计算机系主任兼北大青鸟集团创始人杨芙清

20世纪90年代，北大又成了旁听生聚集的地方。在燕园四周的民房里，住着从全国各地慕名而来的年轻人，很像20世纪前半叶红楼时期的情形。就在校外人员会聚北大围墙之外的同时，北大校内人才却纷纷走出国门，不再回来。可以这么说，中国的人才流失问题最早就是从北大开始的，几十年来，北大为海外免费培养了大批人才。

过去本科生差不多有三分之一出国，今年也挺多的。

——北大经济学院原副院长胡坚

原来是硕士毕业以后大部分走掉了，现在是本科生毕业以后差不多有一半要走掉，出国！

——北大计算机系主任兼北大青鸟集团创始人杨芙清

所有我们毕业生中第一流的百分之百地出去了，中等以上的百分之百也都出去了。

——北大物理系主任甘子钊

在我们这里，生化的本科生几乎一半出国，研究生也有一半以上出国。

——北大生命科学学院教授唐建国

在大量人才拥出国门的同时，也有少数人反向回国，北大地球物理系的陈晓非教授就是其中之一。陈晓非在美国学习和工作了十年，是南加州大学地球科学系的理学博士。他看到大批北大师生去了美国，想到北大必有空位，于是他提出回北大工作，条件只有一个——直接做教授。北大同意了。1996 年秋天，陈晓非回到北京，在北大物理系执教。

把北大建成世界一流大学的理想一直萦绕在北大师生的心中，但从国外回来的学子十分清楚，这不是一件容易事。

我认为一个就是经费问题，经费限制了你。比如说我们北大，一年的经费只相当于美国哈佛大学1%的经费，这就局限着你！比如说设备，你就没有这么多经费去买。

——北大生命科学学院教授唐建国

首先要稳定住自身的队伍，就是你的待遇。不能说外国学生回来，你就给很高的待遇，本身自己培养的，待遇就低一点。我觉得这样只会把人才赶到国外去，说我出国回来，待遇不就高了吗？

——北大计算机系主任兼北大青鸟集团创始人杨芙清

当前有那么多学生出国，有这么多不回来，这并不是个正常的现象。这是我们很多工作失误的综合结果，其中包括经济待遇的问题，包括有工作条件的问题，也包括有思想引导和各方面束缚的问题。

——北大物理系主任甘子钊

北大二十六周年校庆时，鲁迅发表《我观北大》，说："北大是常为新的，改进的运动的先锋，要使中国向着好的、往上的道路走。"北大三十一周年校庆，蔡元培提醒北大，要北大师生务必"破除唯我独尊的想法"。北大九十周年校庆，王瑶写文章说，北大"充满了弃旧图新的改革精神"。

欧阳旭1987年考入北大中文系，毕业后当了两年中学教师，1993年创办国风广告公司，代理广东一家电视机厂的广告业务。此外，他还创办了“国林风书店”，名满京城。

20世纪的北大能够有这种前沿意识，能够为整个中国社会提供思想来源和知识来源，在下个世纪北大本身是要努力，对吧？还能不能担当起这个责任来也是存在疑虑的。

——国林风书店创始人欧阳旭

从1998年开始，北大走进第二个百年，走进又一个世纪。经历了一个世纪的风雨，这样一所始终与民族命运息息相关的学校，其发展的意义不仅仅局限在北大本身，它是中国人对新思想、新文化、新教育的历史性纪念，寄托了国人的希望。

清华：
从工字厅说起

在中国，无论是对官员学者，还是对车夫小贩，清华都不是一个陌生的名字。

在它的早年，它是国运衰败中的希望，是一个梦想，是中国人都为之动情的故事。

遥远的清华园

在中国，无论是对官员学者，还是对车夫小贩，清华都不是一个陌生的名字。

在它的早年，它是国运衰败中的希望，是一个梦想，是中国人都为之动情的故事。可以这么说，清华大学的起源，就是工字厅。清华大学从工字厅开始，一步一步奋斗成中华名校。

清华工字厅，它的大小房间有多少，不容易说清楚。如果从天上看，它的主体是一条竖着的游廊，把前后两排横着的房子连接在一起，组成一个“工”字，所以人们称它为“工字厅”。1909 年夏天，清朝外务部在这里设置“游美学务处”，向美国派遣留学生，就在这年深秋，四十七位少年远渡重洋。后来，工字厅扩展成赫赫有名的清华大学。

工字厅西行一公里是圆明园，清朝有六代皇帝曾在那里生活。

两百多年前，乾隆圣驾君临，转道工字厅后厦，发现这里山林变幻，环拢一泓清水，绿树点点，簇拥着古屋，不禁想起晋朝诗人谢混的诗句“寒裳顺兰芷”“水木湛清华”，于是他提起御笔，题写了“水木清华”四字。

后来，道光皇帝把工字厅以西赐给四儿子咸丰，取名“近春园”，工字厅赐给了五儿子奕誴。等咸丰做了皇帝，他便借用乾隆爷的题词，把弟弟的工字厅命名为“清华

清华工字厅正门，牌匾上“清华园”三字为咸丰皇帝御笔
（图片来源：北京优图佳视/视觉中国）

园”。但咸丰兄弟都没想到，后来英法联军竟然兵临城下，还烧了圆明园。1860 年 10 月 18 日，英国驻华公使额尔金下令，焚毁圆明园，迫使清朝低头。浓烟飘向京城，仿佛黑云压城，整个天空看起来像是在经历持续很长时间的日全食。

大火一直烧过近春园，接近清华园时，渐渐熄灭。于是，清华园躲过一劫，它依然是乾隆笔下的“水木清华”。

20 世纪的第一年，洋人们护卫驻华使馆，组成“八国使馆卫队”，打进北京。惇勤亲王奕誴的两个儿子载濂和载漪气不过，便把义和团招进清华园，设坛举事。事后，一个被撤职查办，一个重罪发配新疆。惇勤亲王留下的清华园也被慈禧没收，陷入荒芜。

这一年是庚子年，战败赔偿，便叫“庚子赔款”。正是这笔苦涩赔款的一部分，造就了日后的清华。1908 年，美国人同意将一部分赔款退还中国，有一千零七十八万余美元，要清朝外务部设立“留美预备学校”。

1909 年，六百三十名青年走进史家胡同深深的巷子，参加庚款留美考试，其中

庚子赔款第一批留学生合影

庚子赔款第二批留学生合影

竺可桢

四十七人脱颖而出，成为第一批清华留美学生。后来成为清华唯一一位终身校长的梅贻琦也在其中。那时，他风华正茂，只有20岁。

对于老罗斯福总统退款办学，清华早期毕业生梁实秋评价说："意思是好的，但带着深刻的国耻。"有很长一段时间，清华被称作"赔款大学"。用着本不该给但不得不给最后又被人家退回来的赔款去美国读书，这种复杂的心理很难说得清。或许也就是因为说不清，早期留美学生大多沉默寡言，把复杂的心事化作苦读，成为各个领域的大师。

1910年，第二批庚款留美学生七十人，带着五味杂陈的心情漂洋过海。

后来成为语言学大师的赵元任，考分高居第二。大气象学家竺可桢也在其中。而最负盛名的要算第五十五名，他就是后来改变了中国文化心理的美少年胡适。

1911年，散发着浓郁的德国古典风格的清华学堂在工字厅西边落成。清朝军机大臣那桐为之手书匾额。1911年4月29日，学堂里传来第一阵读书声，清华从此发轫。按照美国方式，清华校庆安排在每年4月的最后一个星期日，而百年校庆2001年4月的最后一个星期日，恰好也是29日。

清华学堂落成后第六个月，辛亥革命爆发，清华在混乱中被迫停课。1912年2月12日，隆裕太后颁发《清帝逊位诏书》，宣布宣统皇帝退位，授权袁世凯组织“临时共和政府”。清朝在内外交困中灭亡。

唐国安

两个月后，唐国安出任清华校长，主持复课事宜。10月，为了淡化帝制时代留给清华的痕迹，唐国安呈文外交部，把清华学堂改制为“清华学校”，办学方针依旧照搬美国。

1913年夏天，唐国安病逝。同年，周诒春继任，引领清华继续前行。

周诒春并不满足于在工字厅周边老老实实办留美预备学校，他想的是办大学。于是，他在清华园大兴土木。1919年早春，砖红色的清华图书馆落成。想当年，它曾是中国最具规模的图书馆，它的一层铺的是玻璃地板，学生们走在上面，无不充满好奇，感到兴奋。清华科学馆更是神奇，楼下的空调大风机一转，整个馆里四季如春。

清华大礼堂是一座希腊式和罗马式混合

的建筑，当年，它是中国高校中最大的礼堂，装得下清华的全部师生。20 世纪 20 年代，每逢清华大学和燕京大学赛球，校工们总是在放电影之前，加放漫画幻灯，讽刺燕大学生野蛮，盛赞清华学生勇敢，然后宣布清华得胜。从那时到现在，大礼堂一直是清华的象征性建筑。

还有一座西方古典风格的建筑，原名叫“罗斯福纪念馆”，是清华体育馆前馆。在相当长的一段时间里，清华体育馆都是中国最先进的健身房，馆内有暖气，有热气干燥设备，游泳池里还有水源消毒设施。早期

清华学堂
（图片来源：强七少 / 站酷海洛）

清华，体育不及格就不能毕业留学。闻一多和梁实秋都曾在这个室内游泳池里遇到大难题。他们在水中翻腾，使出浑身的力气，努力向彼岸靠近。

清华四大建筑，高大而豪华，一百多年前，北京几乎没有同类建筑可以与之相提并论。在西洋风格的建筑群的包围中，清华同方部显得平凡而简陋。“同方部”的意思是“志同道合者相聚的地方”。“同方”二字取自《礼记》，那是一本儒学名著。20 世纪 20 年代，正是儒学精神遭到质疑的年代，它的伟大哲思，时时有可能因为国家羸弱而充

同方部

当替罪羔羊。即便是在“打倒孔家店”之后，同方部依然是每年农历八月二十七日祭孔的地方。

一边是西式足球联赛，一边在悼念孔圣人的仪式，这便是清华的特色。

那个时候，清华学生上课不是打电铃，而是敲钟。每逢上课时间，工友便会走出怡春院，爬上荷花池东边的小山坡，去敲打那只巨大的铜钟。在早期清华毕业生的记忆中，钟声遥远，钟也不是现在这个样子，它曾是绿色斑驳，悬挂在白色的钟栏之内。

清华大礼堂
（图片来源：强七少 / 站酷海洛）

两百多年前，乾隆让工程师们把从万泉庄引来的活水用石栏围起来，建成引水渠。半个世纪前，它曾经自由地奔流，现在，石桥犹在，但已不是百年前的样子，桥下的河床，向下深陷了许多。小河对面是清华二校门，它曾目睹了百年间发生在这里的一切。

很长一段时间，清华园和京城之间的交通极为不便。学生们进城，除了坐每天往返一次的班车，只能骑小毛驴或坐驴车。所以，一进清华，学生们便与世隔绝，如同进入一

原清华二校门

梁实秋

个美丽的世外桃源。那个年代，人力车是奢侈品，但清华教授的月薪是四百银圆，相当于现在的四万元人民币。那时候，洋车在校门口等候，就如同今天的出租汽车在高级宾馆门外排队。

1915年，梁实秋考进清华。他把清华园通往西直门城楼的路描述为垂柳轻拂的夕阳古道，两边是纯粹的乡村景象，跟今天连接海淀区和西城区的那条快速路截然不同。实际上，直到20世纪90年代，清华园都因为远离城市的喧嚣，显得宁静悠然。因为它特殊的美丽，清华园成为清华学子一生中不可磨灭的记忆。

季羡林1930年考进清华外文系（原为西洋文学系），1935年赴德国留学，在德国一住十年，直到1946年才回到北京。在清华原国学院导师陈寅恪推荐下，季羡林任教北大，创办东语系。不过，季羡林也惦念着清华，每当沿着梁实秋笔下的那条古道去清华，他的心里总有说不出的快乐。他在《清华颂》里写道："清华的四年生活，是我一生中最难忘、最愉快的四年。"

"每当严冬初过，春的信息，在清华园

要比别的地方来得早，阳光似乎比别的地方多。这里的青草从融化过的雪地里探出头来，我们就知道：春天已经悄悄地来了。过不了多久，满园就开满了繁花，形成了花山、花海。再一转眼，就听到满园蝉声，荷香飘溢。等到蝉声消逝，荷花凋零，红叶又代替了红花……待到红叶落尽，白雪渐飘，满园就成了银装玉塑。'既然冬天已经到了，春天还会远吗？'我们就盼望春天的来临了。"

先生之风

吴宓

“大学必须有大师”是20世纪20年代飘荡在清华园的理念。那时候的清华出手阔绰，广聘天下名师，一时间，清华群星璀璨，光耀西山。

清华工字厅的这个院落，荷花摇曳，藤萝缠绕，住在这儿的大师吴宓管它叫“藤影荷声之馆”。吴宓自称“奠居”，意思是，更合适住在这儿的人还没到来，自己不过是为他们将来在这里住得更好打个前站。这就是吴宓给自己的定位，鞠躬尽瘁，甘作清华名师的护卫走卒。

当时，清华学校还是一个普通的留美预备学校。学生到这里来，主要是念英文，然后念一些欧美的文化，也念一点中国的传统文化。它就是一个预备学校。但是，1925 年的时候，曹云祥校长觉得这样是不够的，应该提高这个学校的水准，准备建立研究院。首先从国学开始建设，他就找了胡适，请胡适到清华来做研究院的导师。胡适说："我没有资格，给你推荐三个人。"第一个是梁任公，就是梁启超，第二个是王静安，就是王国维，第三个是章太炎，后来章太炎没有接受这个聘任，梁任公接受了。当时聘请的研究院主任，是哈佛大学毕业的吴宓先生。

——清华大学原中文系主任徐葆耕教授

王国维

1925 年，清华国学院导师王国维住进南院靠西的那排中式房屋。每天上午，王国维从这里出发，走向清华学堂。下午和晚上，他会回到书房读书和写作，过着半封闭式的生活。早在十多年前，王国维便已写成《人间词话》，那是 20 世纪中国美学的重要成果。

吴宓作为主任延请王国维到学校担任导师的时候，到了王国维家里，行三叩首礼。

王国维很感动，觉得吃洋面包的这个年轻人还很尊重自己，所以很痛快地就来了。

——清华大学原中文系主任徐葆耕教授

《人间词话》描述求学的最高境界是：“众里寻他千百度，蓦然回首，那人却在，灯火阑珊处。”王国维懂英文、德文、日文，这让他在研究宋元戏曲史时独树一帜，成为用西方文学原理批评中国旧文学的第一人。

清华国学四大导师中，最年轻的是赵元任。1910 年，赵元任以第二名的好成绩考取了清华第二批庚款留美资格，进入康奈尔大学攻读。1918 年，赵元任获得哈佛博士学位。1925 年，赵元任回到清华任教，教授音韵学和音乐。

1925 年，清华国学院

赵元任先生本来在国外是学物理和哲学的，但是他也非常喜欢研究音乐、音韵学和语言。请他到国学院来，他开了一些语言方面的课程。

——清华大学原中文系主任徐葆耕教授

赵元任

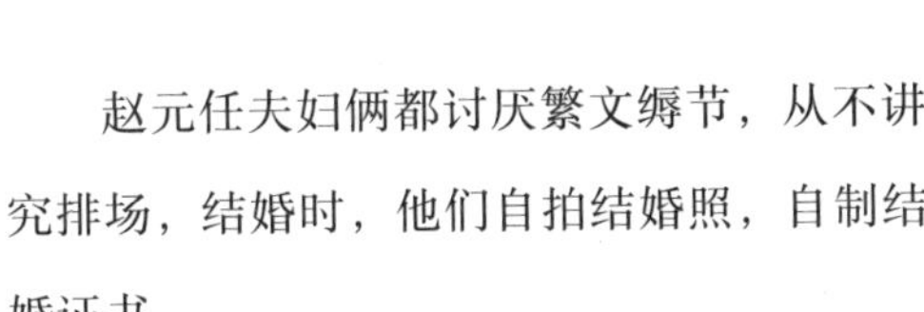

赵元任夫妇俩都讨厌繁文缛节，从不讲究排场，结婚时，他们自拍结婚照，自制结婚证书。

赵元任把北大中文系刘半农教授的诗，谱写成《教我如何不想她》。这位留美时在数学、天文、物理考试中都得过满分的理科高才生，此时像刘半农一样，成了语言学家。在这首诗中，刘博士为汉语创造了“女”字旁的“她”，赵博士第一次使用西方音乐技巧，把“女”字旁的“她”唱进千家万户。从那时开始，我们不再像古人那样，用单立人旁的“他”代替女字旁的“她”，也不必再像早期白话文那样“伊伊”“侬侬”。

国学大师陈寅恪是吴宓在哈佛读书时的同学。跟吴宓不同的是，陈寅恪 13 岁开始留学生涯，足迹遍及日本和欧美，却一个学位也不要。他既有旧学家传，又懂得 20 多种外语，被世人称作“教授的教授”。

吴先生来了以后，就赶快推荐陈寅恪，因为他觉得陈寅恪的学问实在不在三位先生之下。经过他的推荐，学校考虑了一下，三天之内就下了聘书。当时，陈先生还在柏林大学学习。

——《人民日报》国际评论员吴学昭

1925年，陈寅恪自德国归来，走进清华园。20世纪40年代，陈寅恪双目失明。晚年，他仍以耳代目，以口代笔，卧床完成八十余万字的鸿篇巨制《柳如是别传》。他带给清华的理念是：“在历史中寻求历史的教训。”

1926年夏，清华研究院第一届学生毕业时师生合影于清华园

在清华国学院，除了吴宓，还有一位青年导师不在“四大教授”之列，他就是人类学家、中国考古学之父李济。

李济

1911年，李济考进清华，因擅长辩论和演话剧而闻名全校。清华国学院成立时，梁、王、陈、赵是教授，年仅29岁的李济是讲师。李济教的是考古，要经常“出田野”，无法专任。因为年龄小，人类学和考古学又不算国学，所以李济是教授身价、讲师身份。

李济朝气蓬勃，敢想敢做，从一开始便突破清华园围墙，把教研课堂搬到了田野上。

1926年，李济沿汾河行走，去晋南考古，完成了对西阴村遗址的科学发掘。这是中国人第一次主持考古工程。

1927年1月19日深夜，清华国学院导师梁启超教授给远在哈佛考古系读研的梁思永写信，希望儿子回国，跟李济一起开拓中国的考古事业。梁思永果然回来了，梁启超却走到了生命的尽头。因“著述过勤”“过于疲劳”，梁启超患上了尿血症，在北京协和医院做了肾脏切除手术，术后却未见好转。

为了维护西医在中国社会上的声誉——

梁思永

因为当时西医刚进来，很多人还不相信西医。你再说梁启超这样的名人，让西医一刀给切死了，那么西医在中国就更推广不开了。所以，为了维护西医的社会声誉，使得西医能够在中国推广，梁启超没有起诉协和医院。

——环保组织“自然之友”原会长梁从诫

为了现代医学在中国生根结果，梁启超禁止徐志摩起诉协和，他默默承受了全部痛苦，不求任何赔偿，不要任何道歉。

1929年初，梁启超与世长辞，享年56岁。

噩耗传来，学界政坛，天下同悲。

在清华学生的记忆中，梁启超双目炯炯，走起路来昂首阔步。他那一口广东官话，声如洪钟。他情感丰富，记忆力超群，用手一敲秃脑壳，就能背出大段大段的诗词。有时候，他手舞足蹈，讲得口沫四溅，他的演讲不知激起了多少学生的文学情思。

在清华，希腊人崇尚体育的精神得到充分伸张，体育课不及格不能毕业。这让清华成了华北地区体育最强的高校。这种高度重视体育的校风，一直延续到 20 世纪 60 年代中期，即便在西南联大时期也没有间断过。

1906 年，王国维发表文章，提出教育必须德、智、美并行，此外，再加上体育，学生才能成为完人。这是中国人第一次提出德智体美全面发展的理论。这个理论在上海圣约翰大学学生周诒春心中生根开花。六年后，周诒春出任清华副校长，确定德智体“三育并进”。每天下午四点到五点，在体育部主任舒美科的指挥下，学校会把图书馆、教室、宿舍统统锁起来，迫使学生们去操场或体育馆锻炼。清华规定，所有学生必须通过五项体育指标并通过游泳考试才能留洋，任何人不得违例。

1914 年，马约翰加盟清华，任务是教化学。但除了教书，他想得更多的是要改造“一盘散沙”的局面，培养“团队精神”，扫荡文弱书生的形象。他为清华工作了五十二年，从助教到教授，再到体育部主任。他让清华屡屡打败外校，但他不止一次大声说：“一个人可以输掉一场比赛，但永远不能输掉运动道德。”在他之前，不曾有过任何一位体育教师像他那样，赋予体育丰富的含义和崇高的精神。

1929 年，叶企孙创建理学院，一网打尽天下名师，为数学系聘请杨武之和熊庆来，为物理系聘请吴有训、萨本栋、周培源，为化学系聘请萨本铁。不到十年时间，清华理学院和物理系都成了全国第一。叶企孙终身未娶，把所有学生视为儿女。

大经济学家陈岱孙教授同样终生未娶。陈岱孙是哈佛博士，1927 年加盟清华，第二年担任经济系主任，他一生教过多少学生根本无

叶企孙

法统计。

陈先生的生日是农历闰八月二十七日，与孔子同日。因为是闰八月，十九年才遇到一次。在95岁寿辰上，陈岱孙宣布，自己只有6岁。

1997年，陈先生97岁。他推开别人的搀扶，拄着手杖，走向去北京医院的汽车。他的身体迅速衰弱，再高明的医生也回天乏术。弥留之际，任教北大的陈岱孙在恍惚中对护士说："这里是清华大学。"

每一所学校的校史中都会有一位父亲般的人物。虽然早期清华有过周诒春和曹云祥两位颇有建树的校长，但清华还是把后来的梅贻琦校长视为父亲。1941年，在梅校长52岁生日时，清华工学院院长顾毓琇教授写了一首贺诗："天南地北坐春风，设帐清华教大同。淡泊高明宁静志，雍容肃穆蔼和衷。"梅校长回诗说："英才自是骅骝种，佳果非缘老圃功。回忆园中好风景，堂前古月照孤松。"

自比堂前孤松自然是梅贻琦谦虚，但那的确是清华园一道别致的风景。

1931 年，梅贻琦走马上任，送给清华一句箴言——大学之所以为“大”，不在于有没有高楼大厦，全在于有没有大师。抗战时期，梅校长是西南联大主席，论人数、论经费、论设备，清华占有压倒性优势，梅贻琦必须让清华不觉得吃亏，让北大和南开不觉得被清华占了上风。胸怀之“大”让梅贻琦对整个联大一样看待，整个联大也就一样看待他。除了那段时光，梅贻琦把一生韶华全部献给了清华。

宋朝大文学家范仲淹在他的《严先生祠堂记》中曾经这样歌颂东汉隐士严子陵不图

叶企孙等在清华大学住宅前合影，时间在 1929—1930 年间。左起：陈岱孙，施嘉炀，金岳霖，萨本栋，萧蘧，叶企孙，萨本铁，周培源

青年陈岱孙

富贵、不慕荣利的高洁情怀："云山苍苍，江水泱泱。先生之风，山高水长。"对那些为清华开创独特学风的老先生，我们也只能用这样的语言，来形容他们："先生之风，山高水长。"

未树先荫

1914年冬天，梁启超到清华做名人演讲，他用《周易》乾坤二卦的卦辞激励清华发愤图强。他说，君子应该像天宇一样运行不息，即使颠沛流离，也不屈不挠。如果你是君子，接物度量要像大地一样，没有任何东西不能承载。这次演讲，后来化作清华园的一座石碑——“自强不息，厚德载物”，这便是清华的八字校训。

在老清华，违反校规要挂牌思过。在严厉的管制下，清华学生从一开始就在个性自由的基础上被冠以一个前提，那就是纪律和秩序。不过，如果纪律太严，即使是那些品学兼优的学生，也免不了会被记上一过。

潘光旦不敢外出如厕，就在宿舍门口方便，被查夜的斋务处主任擒获挂牌。十多年后，潘光旦成了大社会学家，第一个把优生学引进中国。

每天早晨七点钟，起床钟会在清华园准时敲响，睡懒觉者会被罚。

清华还规定，学生必须把钱存到清华银行，身上只许带少量零用，但一角一分都要记账，而且要用新式账本。月底清算后，抄送斋务处盖印。实际上，在清华园用钱很少。1915年以前，伙食费全免，此后是减半。可以说，1930年前后，是中国学校生活最好的岁月。

因为是留美预备学校，教师中过半数是美国人。为了让学生们提早熟悉美国，清华尽量美国化。1915年，梁启超的大儿子梁思成入学。他喜欢西方音乐，便在马约翰教授的指点下参加西乐队。1918年，高士其入学，

清华校园内“自强不息，厚德载物”的石碑

他热衷于童子军，便在清华小山坡扎上帐篷，一住七年。即使雨雪霏霏，也只穿单衣单裤。那个时候，学生们大多喜欢教世界历史的美国老师马伦。讲到英法联军攻占圆明园，他一定要带学生去圆明园凭吊，让孩子们记住，落后就可能挨打。

1916年，周诒春校长建议，逐年减少留美学生，利用庚子赔款把清华学校建成清华大学。他打破清华西墙，在开阔的荒地上营建蓬勃向上的“清华四大建筑”。三年后，清华图书馆首先竣工，但校长已换成张煜全。不过，张校长考虑的不是发扬周诒春的拓展计划，而是应付“五四运动”。

1919年年初，法国巴黎召开和平会议，解决第一次世界大战后的各类问题。中国是

潘光旦

战胜国，要求从战败国德国手中收回山东权益。就在清华图书馆竣工时，巴黎和会传来拒绝中国代表要求的消息，“五四运动”顿时爆发。

周诒春

清华地处远郊，消息闭塞。它虽不是运动发起者，却是运动中坚。

由于京城风声危急，各校学生领袖应清华学生邀请聚集到工字厅，商议更大规模的行动，即引发全国声援的“六三”运动。在各界压力下，当局不得不撤走军警，表示释放学生。但被捕学生坚持让政府有关方面出来道歉，否则决不无条件出狱。政府被迫道歉，被捕学生回校前又在中华门、总统府等地游行示威，受到市民欢迎。清华派出代表和军乐队前往欢迎被捕学生胜利返校。

“五四运动”后，学生们忽然发现，在这个社会中，自己蕴含着力量。借着这份狂喜，他们要把自己的力量转移到清华园。他们要把在运动中建立的学生代表团确立为常设机构，改称“清华大学学生自治会”。从1920年起，管理学生的传统方式寿终正寝，学生会成了学生的中心，他们开始过问校政，连校长人选都要干预，这使得管理清华的外交部在随后的两年中一直找不到合适的校长去接管清华。

直到1922年春天，中国驻丹麦代公使曹云祥继任校长，清华才重新过上平和的日子。高年级学生从平房宿舍搬进当年十分罕见的大楼，楼里有暖气炉和钢丝床，厕所里有淋浴和抽水马桶。1925年，曹校长宣布组建“大学部”，招收清华史上第

1948年的清华大学学生自治会

一批本科生。他要求大学部创建中文系、社会学系、政治系、物理系，为清华升格正式大学打好地基。

曹云祥

1926年，清华国学院主任吴宓腾出手来，创办了中文系，并兼系主任。吴宓清楚地知道，同在他掌控之中的国学研究院和中文系，一个大师显赫，一个声名微弱，彼此星月悬殊。他大胆聘用时年27岁的朱自清做中文系教授，从而造就了一颗闪亮的文坛明星。

朱自清的散文《荷塘月色》，中国人耳熟能详。1927年仲夏，清华园平静如常，但此时的中国社会却因为国共分裂而刮起血雨腥风。朱自清心中苦闷，当他徘徊到工字厅背后的荷塘，瞥见月光下婀娜的荷花，便写下《荷塘月色》。

1927年真是个多事之秋。梁启超被误诊，切掉一只肾，永别清华；王国维郁郁寡欢，投昆明湖自尽。国学院元气大伤，两年后宣告关闭，大部分教授转入中文系。

1930年，朱自清代理中文系主任，开始了漫长的执政期。他提出“用新的观点研究旧时代的文学，创造新时代文学”，以此确立建系方针，终使清华中文系造就了一大批人才。

清华物理系有一座老式大楼，20 世纪撼动中国物理学界的许多大人物都曾在此留下过足迹。

1926 年，物理学一代宗师叶企孙教授创办清华物理系，成为这座大楼的第一位主人。“文看外文，理看物理”，在清华校史中，外文系和物理系曾是最显赫的两个系。20 世纪 90 年代，国家表彰的核工业元勋绝大多数出自清华物理系。

20 世纪 20 年代的每一个初秋，清华西院的主人都要向花房订上十几盆菊花，放在

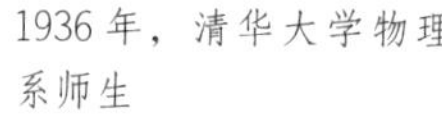

1936 年，清华大学物理系师生

石阶两旁。院子的主人是大名鼎鼎的数学家熊庆来教授。买菊花为的是取悦太太，因为太太的名字是“菊缘”，夫妻两人出生在同一年的同一个月份。

1927 年，熊庆来为清华创办数学系。他引进欧洲先进的数学教育体系，在很短的时间里，把清华数学系变成了中国一流的数学教研基地。

熊庆来是大数学家华罗庚的恩师。当年，熊教授看到一篇高质量的数学论文，署名“华罗庚”，于是他千方百计在南方一家杂货铺里找到这位没有机会上大学的小店员。熊庆来冲破一切阻力，破格聘华罗庚为教授。数十年后，华罗庚成为家喻户晓的明星数学家。

熊庆来

罗家伦

一切都准备好了，但清华仍是“清华学校”，不是“清华大学”。有人把这比喻成太阳下的一棵树，在它还没有长成大树之前，就已经在广袤的土地上投下余荫。北京的民国政府外交部尚未支持清华升格，南京的国民政府就已摧毁了北京政权，统一了中国。国民政府教育总长蔡元培选中他在北大时期的大弟子罗家伦，要他迅速北上，加速推行清华改制，建立“国立清华大学”。

1928 年夏天，北京充满了火药味，北伐军金戈铁马，逼近京城，瓦解了张作霖的军政府。张作霖回沈阳途中被炸死，北伐军总司令蒋介石踌躇满志，进了北京。他宣布两项决定：第一，定都南京，将北京改为“北平”；第二，清华学校由他的政治秘书罗家伦接管。

凭借着自信的天性和坚实的政治背景，罗家伦只带着一名秘书便从代理校长梅贻琦手里接过大印，走进陌生的清华园。罗家伦正赶上暑假招生，他在招生启事上大笔一挥，写上了“男女兼收”。从此，清华辟出古月堂做女生宿舍，迎来了清华史上第一批女学生。

就像蔡元培执掌北大时一样，罗家伦同样希望改造一所学校以改变全国学风，方法是开设“党义”和“军训”，这使北大的革命思想和清华的建设思想发生了激烈碰撞。

借着强悍的政治背景，罗家伦一改清华十七年来从属于外交部的畸形传统，转由教育部管理。1928 年秋天，罗家伦宣布，清华学校从此升格为“国立清华大学”。

清朝军机大臣那桐书写的清华园匾额
（图片来源：北京优图佳视 / 视觉中国）

两年后，中原大战爆发。山西省政府主席阎锡山不再买蒋介石的账。其时，阎锡山势力控制着华北，他们制造“驱罗运动”，罗家伦被迫辞职。为了表示绝无眷恋之意，罗家伦未及批准，便离开了清华。

从 1931 年春天开始，清华校长走马灯似的换了一届又一届，大家不得不推选理学院院长叶企孙代理校政。直到梅贻琦从美国回来，驱赶校长风波终于结束。1931 年冬天，罗家伦留下的图书馆扩建工程结束了。清华之树的浇灌，完全转入梅贻琦校长的掌控之下。从此，清华完善而强大起来。

在民族危亡之际

吴有训

1926年，冯玉祥为阻挡张作霖南下，用水雷封锁天津大沽口。英美日以《辛丑条约》为依据，认为冯玉祥违约。此时恰有日本驱逐舰接洽入港，没谈拢，日军炮轰大沽口，遭冯玉祥还击。随后，英美日发出最后通牒，要求中国撤除大沽口国防工事，还调集了二十多艘军舰集结在大沽口，进行示威，引发北京师生的愤怒抗议。

3月18日，执政府卫队向请愿师生开枪，清华近30名学生受伤，物理系学生韦杰三当场惨死。这就是“三一八”惨案。后来，鲁迅称这一天是“民国以来最黑暗的一天”。

从这天开始，清华反对外族武装威胁的斗争拉开了帷幕。

1931年，“九一八”深夜，清华理学院院长吴有训教授得了一个儿子。吴太太满怀喜悦，但第二天丈夫来探望却是满脸忧郁。吴院长悲愤地说，就在儿子出生的时候，日本人攻占了沈阳，孩子这个时候出生，就叫他“惕生”吧，如果不警惕，不反抗，我们迟早会亡国。

张奚若

1932年初，日军攻占锦州，张学良撤军入关，东三省沦陷。国势如此危急，国民党不得不请蒋介石复出，促成蒋汪联袂进京，同仇敌忾。但上海战役还是失败了，这让蒋介石决心“与倭持久作战”。在随后的长城战役中，刘汝明中将痛击日军，清华物理教授叶企孙坐着私人汽车一直慰问到喜峰口外的前线工事。但蒋介石却狠下一条心，为避免提前激怒日军，镇压了抗日示威。

1932年夏天，清华政治学教授张奚若发表毕业致辞，强调“奋斗”“续学”“耐劳”。与此同时，清华法律系组建完毕，宗旨是：“造就社会上应变人材，而挽救历来机械的训练之流弊。”这年秋天，清华第一次扩大招生。

尽管北京战云密布，可20世纪30年代依然是激愤和情趣并存的年代。那个时候，

曹禺

清华篮球场上盛行“斗牛风”，运动员不按规则，随心所欲，乱压乱抢。

那个年代，爱情依然缠绵。清华图书馆的一张桌子旁边，一段爱情正在生长，缠绵中还演绎出中国戏剧史上的一部伟大作品。爱情的男主人公是清华外文系研究生曹禺，那部伟大的作品是话剧《雷雨》。它让曹禺一下子超越了欧阳予倩、田汉、丁西林、洪深、李健吾以及这之前一些套用和翻版西方话剧的老一代剧作家。

1933年初夏，曹禺毕业在即，但北京形势险恶，清华免除应届毕业生的期末考试，以全年平均分评出毕业成绩。不过，曹禺没有马上告别母校，而是泡在了图书馆里。

他当时写了很厚的东西，都铺在床垫子下，这是《雷雨》的原稿。《雷雨》他酝酿了五年，在这五年中，他创作激情迸发的时候，都是和清华的校园生活紧密相连的。

——曹禺之女、中央歌剧院编剧万方

曹禺有时会跑出图书馆，奔向体育馆草地上的喷泉，当他喝足了万泉庄引来的泉水，才忽然想起来，已经一整天没喝水了。

1933年夏天，京郊硝烟渐退，气氛日趋缓和，第一部具有中国特色的话剧剧本《雷雨》在清华园问世了。1935年，《雷雨》在天津进行国内首演，一直演到了今天。

钱锺书与杨绛

清华外文系主任吴宓20世纪30年代初和学生谈心时，曾经大为慨叹，说当今文史方面的杰出人才，老一辈首推陈寅恪，年轻一辈首推钱锺书，他们是“人中之龙”。

1932年，杨绛放弃了美国韦尔斯利女子大学的奖学金，考取清华外文系研究生。这一舍一得注定了一段姻缘。在清华外文系，杨绛结识了三年级本科生钱锺书。这位一辈子恃才凌傲的大才子竟与杨绛一见如故，隔三岔五约她写诗，他把相思情比作蛇入深草，蜿蜒动荡，却捉摸不定。

钱锺书毕业时，清华有意挽留他读硕士，被他谢绝。当时，学生运动频频，清华几乎无法维持正常的教学秩序。实际上，钱锺书不属于以身纾难的斗士，但无数家破人亡的故事不可能不郁结在他惆怅的心里。在他和杨绛的婚礼上，人们见到了中国近代史上第一位女大学校长杨荫榆，她是杨绛的三姑，因为反对学生抗日示威被鲁迅痛骂为寡妇主义，推行奴化教育。全面抗战爆发后，杨荫榆拒绝与日本合作，几次到日军司令部抗议日本暴行，杨荫榆用日语怒斥他们，最终被推入河中射杀。

“一二·九”运动前夕，钱锺书带着从清华肄业伴读的杨绛，告别动荡不安的祖国去英国牛津深造。他们乘船离国的一段化作《围城》开篇的一章。但同样是出国留学，乔冠华和钱锺书截然不同，乔冠华洋溢着革命激情。

1935 年，清华哲学系毕业生乔冠华经金岳霖教授推荐，远赴德国。两年后，乔冠华获哲学博士学位，回到灾难深重的祖国。金岳霖写信请他来西南联大教书，但乔冠华已决定作别学者生涯，以笔为枪，鞭挞法西斯。为此，他与清华哲学系同学胡乔木并称“南北二乔”。

1934 年，韦君宜考入清华哲学系。在同学们的催促下，这位见了男生连话都不敢讲的女孩子稀里糊涂地加入了清华“现代座谈会”，与老气横秋的中文系学生蒋南翔一起被编入哲学组。那时候，韦君宜还不知道蒋南翔是共产党。他告诉女同学，中国红军已经渡过黄河，如果跟日本人打起来，苏联红军可以把拖拉机统统改成坦克，来支援中国。

顾毓琇

1933 年早春，日军攻打古北口长城。清华工学院院长顾毓琇教授，先是为张学良赶制出八千个防毒面具，随后又为傅作义赶制出一万个。1935 年，清华航空工程教授王士倬设计的实验风洞秘密竣工，这是中国人自己建造的第一个风洞，也是蒋介石厉兵秣马的一个组成部分。

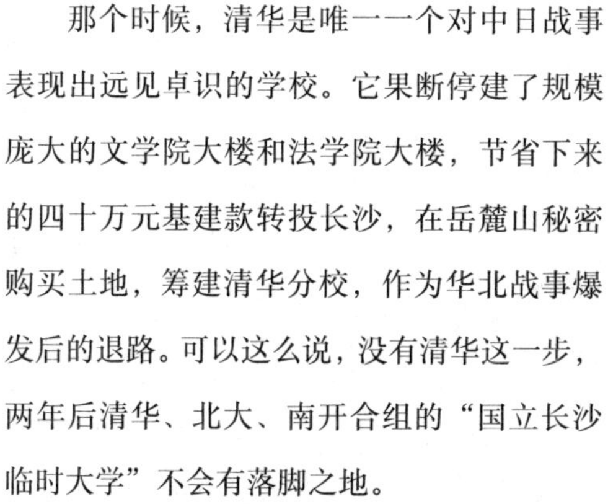

那个时候，清华是唯一一个对中日战事表现出远见卓识的学校。它果断停建了规模庞大的文学院大楼和法学院大楼，节省下来的四十万元基建款转投长沙，在岳麓山秘密购买土地，筹建清华分校，作为华北战事爆发后的退路。可以这么说，没有清华这一步，两年后清华、北大、南开合组的“国立长沙临时大学”不会有落脚之地。

1935 年冬天，日本人策动汉奸提出“华北自治”。国民革命军第 29 军军长宋哲元召集谈话会，命令教育界免开尊口。与会者惶惑不安，唯北大文学院院长胡适挺身而出，措辞激烈地反对自治。胡适还不知道，蒋介石已指令宋哲元、章士钊、曹汝霖满足日本人的要求，组建自治机关。于是，“一二·九”运动爆发了。

12 月 16 日，学生们发起规模更大的“一二·一六”运动，宋哲元要大刀队去阻止学生，士兵们哪里忍心用砍日本人的刀去伤害徒手的学生，他们只好用大刀背推搡学生，以减轻伤害。即便如此，胡适还是发表了《再论学生运动》，强调开明的政府应该努力做到使青年人心悦诚服的爱戴，而不应该滥用权力去摧残一切能纠正或监督政府的势力。他谴责第 29 军伤害学生，是绝对不可饶恕的野蛮行为，是军队的耻辱。

12 月 25 日早晨六点，清华大礼堂门前，梅贻琦校长和叶企孙教授目送着南下宣传救亡的学生们远行。这些学生在南京散发反蒋传单，被捕后逐返北京。他们后来才知道，叶教授密派体育教师沿途打前站，他们被捕后，又是叶教授托朋友斡旋，才使大家返回清华。

此时，清华学生看到范长江写的《成兰纪行》，得知红军已结束长征，完成了从南向北的撤退转移。但他们不知道，不久后清华也将有一次长征，路线刚好与红军相反。他们将穿越广大的国土，从北京绕道湖南，然后再次南撤，在云南度过八年时光。

1936 年年初，顾毓琇院长未雨绸缪，他动用 20 列火车，向武汉转移清华财产。与此同时，宋哲元派五百名宪兵闯进清华，姚依林和蒋南翔不知校门口被包围误入后相继被扣留，随后他们又被清华学生抢了回来。

当晚，宋哲元指挥五千将士，把清华园包围得水泄不通，一部分士兵抱着机关枪，跳墙而入。但蒋南翔已躲进锅炉房，由工友掩护；姚依林藏在清华文学院院长冯友兰教授家；韦君宜躲在清华中文系主任朱自清教授家。此时此刻，幅员辽阔的华北，真的像蒋南翔说的那样，再也放不下一张平静的书桌了。于是，更多的人投入救亡，以图强国济世。

千秋耻，终当雪（上）

1937年7月7日，清华数学教授杨武之被卢沟桥方向密集的枪声惊醒，他感到非常不安。这时，杨太太怀着杨振复，大儿子杨振宁在外读书，而杨振平、杨振汉、杨振玉几兄弟，最大的只有6岁。杨武之决定，把一家老小送回合肥老家。

路经天津火车站，杨武之看到站台上的国民革命军荷枪实弹，他感到战争近在咫尺。

此时，蒋介石不再认为日军只是想在"满洲国"南部建立"非军事安全区"，而是断定他们想要吃掉华北。他忍无可忍，决定在尚未准备好的情况下，奋力一击。7月15日，蒋介石召集庐山谈话会，邀请北大校长蒋梦麟、文学院院长胡适，清华校长梅贻琦、工学院院长顾毓琇，南开校长张伯苓同去参加。大家誓师抗战，同仇敌忾。

这一天，共产党人向国民党递交《中共中央为公布国共合作宣言》，认同三民主义是中国之必需，愿为其彻底的实现而奋斗。同时，共产党人宣布，取消一切推翻国民政权的暴动政策及赤化运动，停止以暴力方式没收地主土地的政策，并且取消红军名义及番号，改编为革命军，受国民政府军委之统辖。蒋介石立即发表谈话，凡是中国公民，只要信奉三民主义而努力救国，国民政府既往不咎。

孙立人

7月28日，噩耗传来，第29军副军长佟麟阁中将和第132师师长赵登禹中将在北京南苑保卫战中壮烈阵亡。8月13日，蒋介石调集陆海空三军，围攻驻上海日军。然而，这纯粹是一场没有准备好的挑战，日军很快从防守转入进攻，革命军步履艰难，很快面临南京弃守的危局。

在这场苦涩的鏖战中，有两位清华校友被国人深深铭记。

孙立人，1914年考入清华，后赴美留学，在弗吉尼亚军事学院求学。“八一三”淞沪会战中，孙立人负伤13处之多。另一位是空军英雄沈崇诲，他因飞机故障，无法返航，便直冲日本旗舰，壮烈殉国。

1928年，沈崇诲考进清华，读的是土木工程，与航空和军事无关，但在国破家亡的年代，他无法成为建设者，只能划破长空，

沈崇诲

为保卫家园而牺牲。那一天，一起执行轰炸任务的飞行员还有六位，他们清晰地看到，日舰倾斜，舰尾沉入海水，随后是火药库爆炸的巨响，一切化为灰烬。战友们悲痛万分，轰鸣着向白茫茫的海水致以最后的敬礼。

就这样鏖战着，北京、上海、山西大同相继陷落，首都南京也危在旦夕。

有一天，教育部代表杨振声手拿一份电报，坐上汽车，去接梅贻琦、清华政治学系教授张奚若和外文系教授叶公超，要他们南下长沙。此时，清华校长梅贻琦、北大校长蒋梦麟、南开校长张伯苓、青岛大学校长杨振声，已合组“长沙临时大学”。

国破山河在。那位讲课时两眼微闭、一只手放在椅背上、另一只手放在膝头、不时发出笑声的陈寅恪教授，再也发不出笑声。陈寅恪的祖父陈宝箴，父亲陈三立，都是戊戌变法中湖南新政的领袖。当北京被日军打下，陈三立老人悲愤交加，拒绝吃饭吃药，9月14日惨别人世。

治丧完毕，陈寅恪用模糊的视力最后看了一眼清华园，随后携妻带女，迁往长沙。

此刻，他并不知道，这是他最后一次看

到清华。陈寅恪从小求学无度，无书不看，时常通宵达旦。他把昏暗的油灯藏在被褥间，以免被家人发现。父亲治丧，陈寅恪的视力急剧下降，必须及时入院手术，但陈寅恪就像绝食而死的父亲一样，不肯在沦陷区医治。

人世，就是这么难以捉摸，越是战乱，越是昂然好学。长沙临时大学文学院在南岳开学，学术空气更浓，教授们白天上课，晚上就铺开写作摊子。就在这时，哲学教授金岳霖写出了《论道》。和所有教授一样，他把悲愤写进了书里。有人问，为什么给这部著作起了这么一个陈腐的书名，金岳霖回答，要让它有中国味！在他看来，哪怕是一点点中国味，对抗战都是有用的。

1935年，华北形势不好，日本人可能要侵略，所以那时候就开始计划在长沙设立一个分校。长沙分校的筹备主任，就是我叔父叶企孙。

——中国科学院高能物理研究所研究员

叶铭汉院士

1937年11月1日，长沙临时大学开课。闻一多曾给留在北京的儿女们写过一封信，记录下了长沙临大的景象——我们现在住的房子，蒋委员长曾经住过，但这房子并不好，刮起风来，两扇窗门噼噼啪啪打得很响，打一下，楼板就震动一下，天花板上的泥土便掉下一块——这封信发出不到两个月，日军攻克南京，进逼中南，长沙变成了前线。蒋介石急忙下令，长沙临大再次转移，抵达云南后更名为“西南联合大学”。

1938年春天，昆明的昆华农业学校、昆华师范学校以及南城拓东路的迤西会馆等处成为第一批校舍。很快，西南联大组

长沙临时大学校舍

建完毕，梅贻琦是校务委员会主席，胡适是文学院院长，朱自清是中文系主任兼清华图书馆馆长，吴有训是理学院院长兼物理系主任，杨武之担任数学系主任。

杨振宁

为了解决联大的学习资料的问题，朱自清从北京带来三万册图书，但七千册运到重庆时被日军炸毁，此事心疼坏了入学之后的杨振宁。

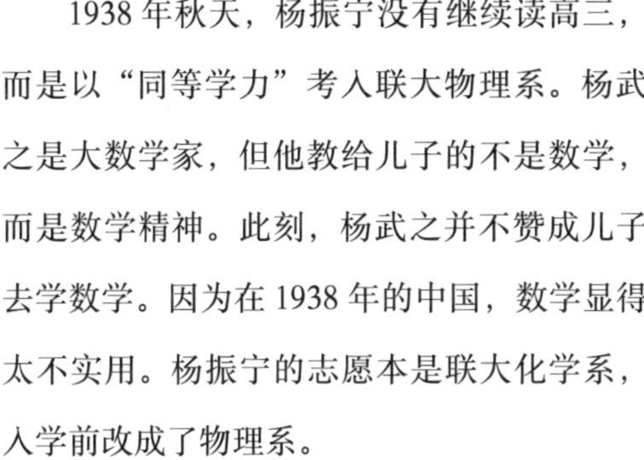

1938 年秋天，杨振宁没有继续读高三，而是以“同等学力”考入联大物理系。杨武之是大数学家，但他教给儿子的不是数学，而是数学精神。此刻，杨武之并不赞成儿子去学数学。因为在 1938 年的中国，数学显得太不实用。杨振宁的志愿本是联大化学系，入学前改成了物理系。

或许联大外文系教授朱光潜并不这样想，他根本不相信这样大的一个国家会覆灭。于是在炮声中，他继续写着“青春的岁月”。据说，朱先生讲诗歌欣赏，一小时只讲了四行，听得人心驰神往。

还有联大经济系主任陈岱孙教授。让人心驰的，不光是他的课，还有他英俊的外表和一米八的高大身躯。那个时候，凡新生入学，必有高年级学生告之，陈教授上课，必在第一堂课转向黑板，写一个大大的“Want”，然后挺拔地转回身，开始讲课。让女学生们不解的是，陈先生40岁了，还没有结婚。

没结婚的还有哲学系教授金岳霖。每讲第一堂逻辑课，金教授总是举例——“今天天晴，我上西山”。高年级学生把这个发现告诉了新生,所以经常是金教授刚说出“今天天晴”,学生们紧接着一齐喊：“我上西山！”

那时，日军飞机常来轰炸昆明。每逢警报响起，联大师生都要向学校北边的坟地跑，那时叫作“跑警报”。有一次，金岳霖跑警报把《知识论》的手稿坐在屁股下面。等警报解除，金岳霖抬屁股就走，丢了全部书稿。但他不屈不挠，在艰苦的环境中再次写出了

金岳霖

《知识论》。

1940 年，日军隔金沙江而望，这使联大师生有了真正的动力，就像他们在联大校歌中唱到的：“千秋耻，终当雪。中兴业，须人杰。”可以说，1940 年既是西南联大最困难的一年，恐怕也是全中国最困难的一年。昆明人跑了一大半，民生凋敝，百业俱废，但联大师生的热情不减，学风甚旺。

联大八年，是梅贻琦一生中最艰难的岁月。他在 1941 年的一次会议上说，在这风雨飘摇之秋的中国，清华正好像是一条船，使人有长夜漫漫之感，但我们相信，不久就

西南联大原教室（内部）

要天明风定。到那时，我们把这条船好好开回清华园。

有一天，杨武之拉着杨振复，去远处的大堤散步。3 岁的杨振复忽然说："将来我长大了，爸爸长小了，我也拉着爸爸去大堤散步。"杨武之听罢，不禁潸然泪下。

千秋耻，终当雪（下）

民族危机感弥漫在西南联大，也弥漫在世界各地。此时，正在欧美留学的清华学子纷纷回国。大物理学家王竹溪、数学家华罗庚、陈省身和文学家钱锺书，相继汇聚西南联大，把最新的知识带了过来，使联大的教学接近了国际前沿。

就在这种浓厚的教育氛围中，一批风华正茂的联大学生脱颖而出，其中成绩最辉煌的是“联大物理四杰”——杨振宁、李政道、邓稼先、朱光亚。

联大理学院院长吴有训教授是杨振宁的电磁学老师，周培源教授教他力学，后来，杨振宁考上王竹溪教授的研究生。他曾说，我在联大本科以及后来读硕士学到的东西，比当时美国最好的大学有过之而无不及，我听王竹溪教授的课做的笔记，现在仍然有用。

联大学生宿舍全都是借来的，由于人多房少，就连盐商仓库也用来当了宿舍。梅贻琦曾说，大学之“大”，不在于有没有高楼，而在于有没有大师。西南联大虽没有大楼，却是清华百年中人才出炉率最高的时期。在简陋的教室里，教授必须大声喊话，才能压过风吹窗纸和雨打屋顶的声音。清华的校训是“自强不息，厚德载物”，联大的校训是“刚毅坚卓”，其一脉相承的品质，在国破家亡的背景下愈显壮怀。

出乎后人想象的是，像钱锺书这样醉心书斋的学者也选择了回国赴难。在西南联大，钱先生在清华读书时“上课不听讲，考试总得第一”的故事流传甚广。许多人误以为，天才是可以不用功的。但谁又知道，这位目空一切的大才子在英国牛津留学时，曾经为

云南师范大学（西南联大旧址）校园内刻有梅贻琦等人名言的石碑

博览在中国不易看到的图书日夜埋首图书馆。因为用脑过度，归国后还长期被头晕症困扰，每到晚间只能闭目静坐，什么事都不能做。

1939年，钱锺书讲过一课“自由与纪律”，他说，人只有做好事的自由，如果做坏事，就会受到制裁。无论钱锺书是不是意指日本，但学生们一定会这样联想。

1943年，盟军全面反攻，日军已无暇空袭昆明。退守印度的新38师师长孙立人由兰姆迦军营出发，开始反攻缅甸。这个时候，在云南目力所及的地方，已是胜利在望。

此时，政治学教授钱端升已开设“战后问题”，这在中国还是首创。化学教授曾昭抡热衷于社会活动，四处演讲。有一次，他的讲题是《战后苏联在国际上的地位》。化学教授讲国际政治，这在当年是一种会通。杨振宁的物理学导师王竹溪编了一部中文字典，据语言学家朱德熙教授说，那是当时最好的中文字典。那时候，钱锺书忽发感慨，说自己只会评头论足，不会创作小说，于是他发愤图强，写出了长篇小说《围城》。而当中央大学中文系主任迫令新生写文言文时，联大中文系主任朱自清却规定，作文必须用白话！

西南联大有一块从军纪念碑，在这块石碑上刻着联大八百三十四名从军学生的名字，他们当时在“一寸山河一寸血”的号召下，甘愿牺牲学业甚至生命，去缅甸和印度前线，做军事翻译。其中五名学生成了烈士，牺牲时年纪最小的只有 19 岁。

那时，许多人报国心切。梅贻琦的儿子梅祖彦当时是联大理学院二年级本科生，但他想跟高年级同学一样，弃学从军。梅贻琦起初说，能在大学读书机会难得，但儿子一再坚持，梅贻琦只能忍住担忧，把儿子送上前线。

当时我上二年级，那时候，学校要征调四年级学生，所以他说，我可以缓缓，慢一点再去，不过当时我们一些同学互相鼓励，我很愿意去，所以他也就同意了。

——清华大学水利水电工程系教授梅祖彦

就这样，梅祖彦告别父亲，和八百多名

同学一道投入一位清华故人的麾下，这便是1914年考入清华的孙立人。此时，孙立人的中国远征军新38师已全部换成美式装备，成为蒋介石麾下的一只猛虎。昔日在清华，孙立人是全校有名的篮球后卫，他的截球技术令人叹为观止。1943年冬天，为打通中印公路，孙立人挺进“死亡地带”。两个月后，他攻占太伯卡和甘卡，而后一鼓作气，乘胜进军，围攻缅北重镇孟拱。驻缅日军做梦也想不到，孙立人会如此凶猛。密支那攻克后，孙立人

孙立人与罗家伦

升任新一军军长，新一军成为国民党军五大王牌之一。

1945 年秋天，孙立人在广州中山纪念堂的受降仪式上从田中久一手中接过佩剑。两年后，清华复校后第一次校庆，孙立人把佩剑赠予母校，梅校长欣然接受。

日本投降后没几天，蒋介石命令第 5 军军长邱清泉缴了龙云的械，结束了龙云对云南的控制。1945 年 11 月 25 日晚，反内战时

云南师范大学（西南联大旧址）校园内的闻一多衣冠冢

事晚会在西南联大民主草坪举行。参会的除了联大学生,还有昆明其他院校学生。散会后,国民党军警已在全市实行戒严，各条道路被封锁，不准通行。

当夜，有学生把联大敲上课钟用的那段钢轨藏了起来。第二天，听不到上课的钟声，造成了事实上的罢课。西南联大率先宣布罢课，其他高校紧随其后，到11月28日，罢课学校扩大至31所。1945年12月1日，他们抗议政府干涉校政，遭到国民党军队的殴打，有四人被手榴弹炸死。这就是举国震惊的“一二·一”惨案。这场血案改变了战后知识分子对国民政府的基本看法。

1946年7月11日，西南联大最后一批学生离开昆明，回迁京津。就在这一天，民盟中央委员李公朴被暗杀。闻一多勃然大怒，置生死于度外，他毅然宣布，一定要参加李公朴追悼大会。四天后，就在联大教授宿舍门前七米远的地方，才华横溢的闻一多教授同样罹难。

清华园荷花池东北角的小山上，清华建筑系主任梁思成建造了一座闻亭，以纪念闻一多教授。从闻亭下山，向右转，过了小桥流水，在荷花池畔可见自清亭。从这种建筑方位上判断，设计者一定认为朱自清和闻一多是一对莫逆至交，但事实并非如此。

朱自清是联大中文系主任，由于胃病时发，他不得不辞职，让闻一多继任。1946 年，闻一多投身政治，无暇顾及系务，于是把重任交还重病在身的朱自清。但朱、闻二人并非一对可以把如此重要的职务抛来甩去的莫逆之交。两人不但没有交情，反而有些宿怨。不过在闻一多遇刺后，朱自清认为这是学术界的重大损失，第一个提出整

清华校园内的闻一多雕像
（图片来源：强七少 / 站酷海洛）

理闻一多遗著，并以生命结束前的最后一搏，拼抢出《闻一多全集》。在现代文学史上，这是继《鲁迅全集》之后的第二部全集。

应该说，少年清华在民族危难的背景下度过了追寻梦想的岁月。在清华的早年岁月，中国社会动荡不安，但大多数时间，清华园都因为地处北郊而远离城内的喧嚣。这种远离社会旋涡、凝心学术研究的传统融进了清华学子的血液，使清华在漫长的岁月中，建设大于革命，即便是革命，也是建设性的革命。然而，此后的清华会接受什么样的考验，没有人知道。

风雨清华园

日军投降后，清华保管委员会主席陈岱孙教授携巨款自昆明返京，全权接收和恢复清华。此时，昆明“一二·一”惨案和闻一多教授遇刺凶案尚未发生，陈先生尚在喜悦之中。

1937年卢沟桥事变爆发，陈先生最先南下，为设立“长沙临时大学”打前站。陈先生走的时候是从会议室出来直接上路，连家都没有回。重返清华园的时候他才知道，当年日军尚未攻城，已有人抢了他的家。他在欧洲收集的资料和写了三年的书稿全部化为乌有。不过，陈岱孙来不及为自己伤心，便去巡视清华，结果看到的情况比自己的家还要令人伤心。

清华图书馆面目全非，战时这里被用作日军外科医院，二层是重伤兵病房。日本人把书库改成了手术室和药品库，还在第一阅览室的地板上凿出一个大洞，向地下室倾倒脏物。

水力实验室和体育馆前馆是日军马棚，体育馆后馆改成了伙房。

不过，尽管满目疮痍，但毕竟胜利了。在梅贻琦校长和陈岱孙主持的清华接收典礼上，日军医院院长向梅校长深鞠躬道歉，交出了军刀。

1946 年秋天，清华复校开学，一切重新来过，大建筑学家梁思成还创建了建筑系。

第二年春天清华校庆时，日据时期遗失的图书已大部分收回。据《大公报》报道，拄着双拐的清华图书馆馆长潘光旦教授始终笑立堂前，谦谢恭迎。

然而 1947 年的社会状况并不像潘教授的笑容那样灿烂。

国民政府大量发行钞票，财政的 80% 被用来应付内战，但这并没有挽救国民党军队

清华大学老图书馆里的古董书籍
（图片来源：曹州人 / 站酷海洛）

在军事上的被动。1947 年 2 月，国民党第 46 军和第 73 军全部被解放军歼灭，这在清华师生心底引起了不小的波动，以至于吴宓教授去南京探亲，听说学生大游行也想去看看。国民党宣称，国共之争乃中华文化生死存亡之争，如共产党得胜，五千年文明将荡然无存。吴宓却说，毛泽东饱读古书，定会使文明更昌盛。

5 月 20 日，南方学生在南京“总统府”门前示威，被打伤一百多人，酿成“五二〇”惨案。这次事件使读书人对“政府”的信任急转直下，转而成为共产党的拥护者。

我父亲带着我——那时我弟弟还比较小，所以我父亲总是带着我——走在重庆的一个路口，重庆是一个山城，但美军开吉普车开得非常之快，一下从一个小胡同里边出来，这辆吉普车一下撞死四五个人，血淋淋的，这是我的印象。这件事情是终生难忘的。而这位美国大兵司机跷着二郎腿，在车上抽烟，若无其事，实际上大概也不可能惩罚到他。哎呀，这个民族屈辱感……原来我们两个人有说有笑的，父亲一下就沉默下来了，带着我回来，一路上都没有说话。

——中央党校原党史教研部常务副主任朱乔森

客观讲，这种丧尽天良的事并不多见，但恰好被朱自清教授遇到，并在他心中打下一个死结，以至于他会在拒绝美援的文件上签名。

恰在此时，因为重病滞留昆明的数学教授杨武之飞往上海，把邓稼先和杨振平的手拉在一起，目送他们漂往美国。

送走儿子，杨武之飞回北京，走进阔别十一年的清华园。但这哪里是他魂牵梦萦的清华，一切都显得破旧不堪，而所有北京的学校此时都经费困难。20 世纪 30 年代校园生活的美好岁月永远成了过去。

校园虽破，却是 20 世纪 40 年代民主斗士的避难所。清华中文系主任朱自清得知，南开中文系教授李广田因为支持学生反内战、反独裁被国民政府通缉。他毅然发去邀请，要李广田来清华执教。而当李广田到来的时候，正是朱自清乘鹤西去的前夕。

1948 年，清华中文系新年晚会在余冠英家举行。李广田记得，那天朱自清带病而来。他被学生们化了妆，头戴大红花，穿着红红绿绿的衣服，愉快地扭起延安秧歌。他扭得很认真，和他做人、做学问一样。李广田的女儿回忆说，很少有人有朱先生那么长的眉毛，她曾经以为那是一种长寿的标志。

这一年，通货膨胀更加严重，朱自清的全部工资只够买三袋面粉，但是当吴晗教授拿来《抗议美国扶日政策并拒绝领取美援面粉宣言》时，朱自清还是签了字。

他签名拒绝美援的时候，体重已降到三十八点八公斤，那才有多少重量，骨瘦如柴，整夜整夜地不能睡觉，呕吐，疼痛。有时候一疼，他就到书房里去，坐在旋椅里抽烟斗，写文章，用这个来压住疼。

——中央党校原党史教研部常务副主任朱乔森

有一天，朱自清在课堂上呕吐不止，从此一病不起。1948 年夏天，朱自清病情恶化，不久后去世，享年 50 岁。

李广田把朱自清的骨灰安葬在万安公墓后，冒雨回到清华，却见朱先生的草帽和手杖挂在墙上，不禁百感交集，哀痛阵阵。

这一年，学生运动风起云涌。8 月 19 日，大批宪兵和特务冲进清华园，他们并不知道，陪他们一起搜查学生宿舍的清华中文系主任李广田也是共产党。

清华校园内的自清亭（图片来源：唐菩提 / 站酷海洛）

曹靖华是俄文翻译大师，极受鲁迅推崇，但也被教育部禁止聘用。1948 年秋天，清华文学院院长冯友兰教授无视禁令，把他聘入清华，又为清华园添了一位红色学者。曹靖华旗帜鲜明，在课堂上，甚至公开充当着“左”派学生的导师。

大家，包括我们家在内，都是夜里收听解放区的广播，对解放军节节胜利的消息欢欣鼓舞。那些学生来呢，也常常交换这些消息。谈看法，也都是欢欣鼓舞。我还记得，父亲跟他们学生常常在一起说：“天就要亮了，黑暗的日子就要过去。”

——中国-阿拉伯友好协会及阿拉伯文学研究会理事曹彭龄少将

后来曹靖华从清华工字厅的单身宿舍迁到北院，李广田从胜因院搬进照澜院。此时，平津战役已经打响，远处的炮声隐约可闻。很快，北京和天津被分割包围，陷入绝境。

一天深夜，两位解放军军官潜入清华新林院，请梁思成夫妇标出北京的古迹，以使其免于战火。另一天，中共华北局城工部部长刘仁潜入李广田家，希望清华共产党利用各种关系，动员革命军华北“剿总”司令傅作义上将起义，从根本上免战。

越是临近解放，家里学生来得越多，客人来得也越多。当时，我的年龄还比较小，这些来的人对我来说都很神秘，因为他们从不自报家门，也不知道是干什么的。而且，我的父亲常常在他们走的时候把自己的衣服帽子都送给他们带走，我也不知道这是为什么。实际上，这帮学生化了装以后都走了，到解放区去了。

——北京师范大学中文系教授李岫

枪炮声由疏而密，由远而近，不时有子弹从空中嗖嗖飞过。夜半时分，国民党军队希望把炮兵阵地设在清华大操场，被曹靖华率校卫队和学生护校队挡在校门外。

天亮后，解放军已避开圆明园和学校区，沿万寿山西侧插向丰台。

1948 年 12 月 18 日，解放军第 13 兵团政治部在清华西门贴出保护清华大学的布告，清华改天换地，脱离国民政府。

清华一时沉浸在狂欢之中。解放军文工团和宣传队带来的锣鼓、秧歌，让整个清华园因喜悦而陶醉。在清华，国民政府的金圆券被废止了，代之而起的是晋察冀边区币。

12 月 21 日，蒋介石派来最后一架专机，把清华校长梅贻琦等人接往南京。后来，梅校长在台湾地区的新竹另建“台湾清华大学”，成为清华校史上唯一一位终身校长。遗憾的是，陈寅恪教授和杨武之教授搭机南飞，陈寅恪留在了广州，杨武之后来也因此离开了清华。

1949年元旦之夜，清华大礼堂掌声雷动。解放军文工团演出之后，曹靖华教授宣布，我们在国民党统治下提着脑袋过日子的时代永远结束。我们是未来的主人，建设新国家的责任，已经落在我们肩上！

50 年代的激情

蒋南翔校长——这位神情木讷的长者——可以算是清华的另一位父亲。如果说梅贻琦校长是在学术自由的背景下把清华推上了巅峰，那么蒋南翔校长便是在激烈的革命年代竭力保持清华不败。有意思的是，梅校长毕业于美国伍斯特理工学院电机系，是工科学生，却把清华办成了综合大学；蒋校长是清华中文系肄业，是文科生，但清华传到他手上，却不得不变成工科大学。这是新中国成立后清华遇到的第一个问题。

蒋南翔做清华校长是 1952 年冬天，梅贻琦离开清华是 1948 年冬天，中间整整四年时间清华没有校长。尽管没有校长，清华却如沐春风，因为那是一段被称为解放的岁月。

这个新国家的名字本来是“中华人民民主共和国”，但清华政治系主任张奚若教授认为，最科学的叫法应该是“中华人民共和国”。1949 年入秋，董必武宣布，张教授的建议被采纳。

9 月 25 日晚上，中南海丰泽园灯火通明，大学者马叙伦提议用《义勇军进行曲》做新中国的国歌。清华建筑系主任梁思成和政治系主任张奚若附议赞赏。七日后，10月1日，新政权在《义勇军进行曲》的歌声中宣告成立。

这个时候，天安门上没有国徽，天安门前也没有纪念碑。国徽和纪念碑应该是什么样子，这会由梁思成、林徽因夫妇主持设计。国徽中的麦穗——周恩来建议——不应该因为丰收而低垂，应该挺拔成长。纪念碑原来是坐北朝南，与天安门方向一致，周恩来建议一百八十度大转向，与天安门形成呼应，让游行群众同时看到天安门和纪念碑的

清华大学国徽设计小组展示他们的设计方案

正面。

清华学生还清楚地记得，俄文教授曹靖华在 1949 年清华元旦晚会上曾预言，虽然现在选修俄文的同学不多，但这种语言的重要性将一天一天增大。

三年过去了，因为全面学习苏联，教育部宣布全国高校进行大调整，清华改为“工科大学”。

工学院教授刘仙洲是清华院系调整筹委会主任。刘仙洲是中国机械工业的先驱，但院系大调整远远超出了机械学范畴，刘教授在各个方面力不从心，中央便把视线投在了蒋南翔身上。

1952 年冬天，蒋南翔出任清华校长，时年 39 岁。此时，大调整基本完成，清华文学院、法学院、理学院并入北大，它得到的，只是

蒋南翔

北大工学院。在这场大调整中，北大是最大的受益者，清华元气大伤。按照大调整思路，清华应该把文法图书统统移交北大，但蒋南翔犯了倔脾气，下令截住这批图书，这为三十多年后清华顺利恢复文科埋下了一条暗道。

蒋南翔的另外一个大手笔是要求学校东侧的铁路东移，为的是向东、向南大规模拓展清华。此举使清华面积剧增，一下子成了全中国校园最大的学校。

20世纪50年代，虽然并非风调雨顺，却是一个热情洋溢的年代。在老数学家杨武之看来，50年代景象万千，令人耳目一新。杨教授因为搭乘蒋介石派给梅校长和胡适南逃的专机未被清华续聘，留任上海同济大学。院系大调整之后，杨武之并入复旦数学系。50年代，当他放弃了美、英、德、日教材改用苏联课本时，他的心一定是真诚的。

1954年，杨武之查出有糖尿病。上海市政府和复旦大学非常重视，把老先生从死亡边缘抢救了回来。这种感激，杨武之没法跟远在美国的儿子杨振宁分享，也无法被没经历过50年代的人所理解。三年后，杨振宁和李政道同获诺贝尔物理学奖。此时毛泽东和蒋介石一样，感到欢欣鼓舞。

—风雨北大—水木清华—

我以我血荐轩辕

20世纪60年代，不管心中有多少委屈，大家都很少抱怨，他们更愿意忘掉自己，为社会服务。那是一个充满激情的年代，人人心中飘荡着春风，愿为祖国去画最新、最美的图画。

蒋南翔校长说，教育有两种教法：一种是尽可能给学生充足的养分，拼命灌输；一种是教给他们思考方法和实践技巧，提高他们的能力。他把头一种教法称作“给面包”，第二种方法称作“给猎枪”。蒋校长说，“给面包”管一时，“给猎枪”管一生。于是在1958年，蒋南翔请清华工学院院长施嘉炀领队，把水利水电系师生带到了北京密云水库工地。

在“大跃进”时期，毛泽东聚拢视线，开始关注北京密云水库工程。周恩来委托清华水利系张光斗教授，要他全权负责质量，防止浮夸风危及水库工程。

密云水库坐落在白河上面，还有一条河叫潮河，两条河并在一起叫潮白河。潮白河以前泛滥成祸，淹没土地，所以修密云水库的首要目的是防洪。近些年，因为整个华北的水利治理得比较好了，密云水库的防洪任务虽然仍然存在，不过主要作用已经是供水了。

——清华大学水利系教授梅祖彦

当年，河北和北京二十万名民工，还有工程师、解放军、各行各业的干部、清华师生共一万人参加了工程大会战。他们不在意工作和生活条件的艰苦，甚至不计报酬。密云水库给北京留下一泓清水，福荫子孙。

清华体育部主任马约翰教授对国家的建

马约翰在指导学生

设依然是发展国人体育。那个年代，国人注定缺少运动场和体育器械，于是马约翰编出了近百套徒手操。

高士其博士半个世纪前曾在清华山坡上住了七年帐篷，后来，他用残疾变形的手写下许多科普著作，成为旷世罕见的社会典范。

吴有训博士做过清华理学院院长兼物理系主任，1950年，吴博士是中国科学院副院长兼物理研究所所长。饶是窗外风云飘荡，吴有训步步为营，以强大的清华班底追寻着强国之梦。他首先设立了地球物理所，所长是赵九章，紧接着，他创设仪器馆，选中王大珩。随后，吴有训调陈芳允进京，不失时机地筹建了电子所。

可以说，缺少赵九章、王大珩、陈芳允三位中的任何一位，中国第一颗卫星都上不了天。在秘而不宣的建设中，吴有训和他的清华弟子，彪炳千秋。

清华哲学系有一位美学教授叫邓以蛰，是中国现代美学的奠基人。他的儿子邓稼先是西南联大物理系毕业生，非常了不起。邓稼先是中国第一颗原子弹和第一颗氢弹的总体理论设计师，史称“两弹元勋”。

日军占领北京时期，强令学生参加庆祝游行。邓稼先把游行彩旗踩在脚下，招来杀身之祸。邓以蛰要儿子逃离北京，奔向大后方。他叮嘱17岁的儿子，为了国家强盛，要立志学科学，将来报效祖国。邓稼先穿过层层封锁线，报考西南联大物理系，投入吴有训门下。

24岁时，邓稼先去美国普渡大学攻读原子核物理，仅用两年时间，便拿下博士学位。1950年，邓稼先回国，供职于中国科学院近代物理研究所，同样是清华毕业的钱三强所长，戏称他是“娃娃博士”。

1958年8月，突然有一天，钱三强先生把邓稼先叫到他办公室，说了一个哑谜，“国家要放个大炮仗，让你去做这个工作，怎么样”，就这么一句话，让邓稼先听了心里一咯噔。那天晚上他就跟我说他要调动工作。我问他调哪儿去，他说他不知道，他不能说。我说，你调什么地方去给我一个信箱，我们好联系好通信呀。他说，信箱也不行，没法通信。我说，你干什么工作去？他说，也不

邓稼先

能说。

——北大基础医学院教授许鹿希

从家庭生活中消失后，邓稼先秘密担任第二机械工业部第九研究院理论部主任，负责指挥原子弹和氢弹的理论设计工作。

1929 年，杨武之博士归国，加盟清华，他把大儿子杨振宁也带进了清华史。

20 世纪 30 年代，杨家住在清华西院，与邓以蛰教授比邻而居，杨振宁童年时代便和邓稼先亲如兄弟。1957 年，杨振宁和李政道获得诺贝尔物理学奖。杨武之抱着虚弱之躯飞往日内瓦，给杨振宁夫妇写下两句诗："每饭勿忘亲爱永，有生应感国恩宏。"他想拦住蒋介石向儿子伸出的欢迎之手，把他拉到毛泽东身边。

杨振宁和李政道在西南联大毕业后去美国，拿的是旧政府护照。杨武之梦想着让年轻人能认清世界大势。他给儿子介绍了新中国的新事物，他说，尽管教授待遇比民国时代差远了，但下层人民的生活却得到显著改善。而这，正是革命的一个目的。

杨振宁享誉世界，邓稼先却消失了。此时，他已隐身在四川绵阳试验基地的一排排帐篷中。

1959 年 6 月，苏联宣布，不再向中国提供原子弹教学模型和技术资料，还撤走了全部援华专家。他们讥讽说，离开苏联，中国二十年也搞不出原子弹。为了争这口气，中国第一颗原子弹工程的代号命名为“596”，即“1959 年 6 月”的意思。

当时，我请王淦昌先生到我的办公室来谈话，说有一件很重要的工作，就是参加原子弹的研制工作。同时，我们也向他宣布了中央的决定，请他考虑。他稍微沉思了片刻，就铿锵有力地说：“愿意以身许国。”

——国务院第二机械工业部原副部长刘杰

1961 年，一大批清华校友先后秘密加盟核武器研制。留德归来的王淦昌、留英归来的彭桓武和留美归来的郭永怀都在其中。

我父亲去了哪里我们全家都不知道，也再没见过他，他的名字也改成“王京”。我

王淦昌

和父亲通信就是用这个名字，所以我妈妈说，你爸爸调到信筒里了。

——王淦昌之子王德基

王淦昌，这位甘愿以身许国的科学家决定豁出老命，与美、英、苏、法一争高低。他始终没忘，1926年“三一八”惨案那天晚上，清华物理系主任叶企孙教授悲愤至深的话：“如果我们的国家有大唐帝国般的强盛，这个世界上，还有谁敢欺侮我们！”

1964年，杨振宁最终没去中国台湾，他加入了美国籍。年底，杨武之带着家人第四次去见杨振宁。他们沿着深圳罗湖路轨桥向香港走去。在这座桥上，杨武之想起，二十七年前他也曾从这里走过，为的是绕道香港和越南去西南联大报到。而此时，虽然自己已老态龙钟，但邓以蛰的儿子搞出了原子弹，自己的儿子获得了诺贝尔奖，而且没去台湾。为此，老人家感到死而无憾。

1971年，杨振宁回到阔别二十六年的中国，看望邓稼先。他们回忆少年时光，甚至在路边玩起了童年时的弹球游戏。当杨振宁得知中国在没有任何一位外国人参加的情况下造出了原子弹和氢弹时，受到极大震撼，不禁热泪盈眶，不得不去洗手间洗脸以稳定情绪。

晚辈成就乾坤，父辈瞑目以息。1973年，美学家邓以蛰向儿子投去最后一瞥，告别人间。十天后，数学家杨武之与世长辞，伴友西行。

1986年6月，《解放军报》第一次向外界公布，当时的核工业部第九研究院院长邓稼先是中国第一颗原子弹和氢弹的理论设计主持者。一个多月后，邓稼先全身大出血，不幸病逝，享年62岁。

杨振宁想着和自己同样生长在清华、同属于“西南联大物理四杰”的好兄弟，心事浩茫。邓稼先去世前，中国一共进行过三十二次核试验，其中一半由邓稼先主持。杨振宁后来评价说，美国的奥本海默是一个复杂的人，佩服他和仰慕他的人都很多，不喜欢他的人也不算少，而中国的邓稼先是一个最不引人注目的人，他真诚坦白，一生都喜欢“纯”字所代表的品格。

杨振宁还曾写道，我有幸参加香港回归

盛典，看国旗在《义勇军进行曲》中冉冉上升。父亲如果能目睹这象征民族复兴的仪式，一定比我还要激动。对于这一天终会到来，父亲始终是乐观的，但他完全没有想到，他的儿子会躬逢这个历史盛典，否则他会改写陆游的名句，“国耻尽雪欢庆日，家祭无忘告乃翁”。

—风雨北大—水木清华—

夺回失去的岁月

十年时间，一切如过眼烟云，烟消云散，十一年前被夺了权的清华校长蒋南翔从监狱出来，却永远离开了清华。他做了教育部长，在他的极力推荐下，邓小平把清华拨乱反正的担子交给“文革”中同样惨遭迫害的刘达。

1977 年春天，刘达进驻清华，一年后，被蒋南翔任命为清华校长。刘达看到的，已不是梅贻琦和蒋南翔时代的水木清华，而是一个烂摊子。工字厅东山上的荷塘月色亭依然保留着朱自清教授的手迹，但工字厅的楹联横匾被当成“四旧”取缔，门廊也用青砖砌死。那时候，清华的这块发祥地景色一片荒凉。

刘达花了很大的人力物力，尽量恢复清华旧貌，但许多文物已无法挽回。

20 世纪 30 年代，挂满楼面的爬山虎在“文革”中被视为“资产阶级情调”，被连根铲除。工字厅的那副楹联遍寻不见，可能早已化为灰烬，最后只能根据零散照片摹写仿制。

1977 年，冯友兰教授的太太病逝，冯友兰在挽联中写道“海阔天空我自飞”。但他真能感到“海阔天空”吗?

此时，大学者们年事已高，冯友兰内心深处萌发出另一种悲哀，他曾用“家藏万贯，膝下无儿”来形容传统文化的青黄不接。

也是此时，另一位清华故人猝然离世，他就是清华原理学院院长吴有训教授。

不久前，前任院长叶企孙带着历史冤屈死去。追悼会上，吴有训为叶教授仍未平反而勃然大怒，拂袖而去。

这是一代人的黄昏，逝者如斯。

那时候，北大和清华的干校都在江西鲤鱼洲，也曾经叫他（陈岱孙）去，那时候他

冯友兰

已经70岁了，他给了我们一张纸条，让我们给他买一床狗皮褥子和一双翻毛皮鞋，还写了遗嘱。他怕他是回不来了。结果，学校又改变主意，不让他去了。那时候经济系——那时还没有经济学院——让他先去大兴县魏善庄收割麦子，他就跟他们去了，是短期的，好像还照顾他，让他打捆。那也是相当累的，他一米八的个子，弯下腰打捆。后来，又到了轧钢厂，情况慢慢好一点了，礼拜六就可以回来了，我们就去那边接他。

——香港《文汇报》驻京办事处记者唐斯复

陈岱孙从前是清华法学院院长，20世纪70年代末，陈先生的翻身之日正是工农兵学员遭歧视之始。陈先生说，这样对他们不公平，他们也是“文革”的受害者，我来给他们上课！

1974年，清华土木工程系主任袁驷教授以“有实践经验的工农兵学员”身份进入清华学习。在一次“开门办学”的劳动中，他一抡锤子，便被木工师傅看出做过很长时间的木匠。实际上，他一提笔解数学题，清华教授也能看出来，这小子没上过中学，只不过，教授们没有直言。

实际上，到清华之前，我的学历背景也就是小学六年级。当了工农兵学员之后毕业了，当时就想，我一定要发奋自强。实际上，这就应和了清华的校训，也就是“自强不息”。所以我就当了清华第一批硕士生，这也是我们国家第一批硕士生。我的导师是龙驭球教授，现在龙驭球先生是院士。后来学校问我，愿意不愿意继续跟着龙先生做他的博士，我也不想去别的地方，确实是想多学点东西，想有所作为，做更大的贡献，那么我就留校了，继续跟着龙先生读博士。

——清华大学副校长兼教务长袁驷教授

袁驷是特殊年代的特殊产物，清华给了他另一种人生。

和袁教授相比，符松要幸运得多。他 1978 年入学，是正宗的清华机械工程系学生，而且第二年便被首批公派去英国续读本科。1988 年，符松获得了流体力学博士学位，回母校效力。这种求学道路又与清华前辈非常相仿。

清华园里，各届毕业生献给母校的礼物多是以石碑形式出现，但 77 级毕业生自比铺路石，这是恢复高考制度后第一期学生的自我认知。他们发誓夺回失去的岁月，但岁月毕竟已经匆匆流逝。

那时，“夺回失去的岁月”更是老学者的心声。

在全国政协委员中，钱锺书逃会逃出了名，借口是“有病”，其实是舍不得时间。为了夺回光阴，这位老清华闭门自守，整天泡在学问中。

1979 年，清华恢复建立“应用数学系”，那正是华罗庚教授在清华执教时的理想。

1979 年之前，历届校长都曾试图改造清华荒岛（即近春园），但由于种种原因没能实现。1979 年之后，荒岛终于在刘达校长手中换了新颜。现在，这里有假山、瀑布、鱼池、草坪。遥想咸丰皇帝当年在这里享受神仙般的日子，环境也不过如此。

刘达校长进驻清华时曾带来一百多人的工作组，其中一半是局级官员。大家齐心协力，迅速恢复了清华秩序。但刘达发现，恢复清华好说，建设清华难办。每每谈到建设，他的百人工作组总和清华师生发生摩擦，于是刘校长决定，调走工作组，让清华自己人管理清华。

刘达知道，自己和清华没有渊源——他是北京辅仁大学的学生，从20世纪40年代末开始，他先后执掌过四所大学，其中并没有清华。

> “文化大革命”以后，如果没有中央派刘达到清华来工作，就没有清华的今天。因为在当时的历史条件下，他的作用是别人很难代替的。我自己想想看，他做了三件重要的事：第一件事情就是拨乱反正，平反冤假错案；第二件事就是依靠清华内部的力量办清华；第三件事情就是真正按照教育规律办事，对于新时期学校的格局，做了一些基础性的工作。
>
> ——清华校务委员会原副主任李传信

1983年，刘达认为自己这个外来人已经完成了在清华的历史使命，于是推荐电机系教授高景德继任，续上清华自治的传统。

高景德校长在任时，梁思成留下的建筑系升级为建筑学院，中文系也得以顺利恢复。1986年，清华以非常低廉的价格买下649亩土地，为未来发展留下巨大的空间。

1985 年，华罗庚去日本讲学。在东京大学完成演讲后不久，华罗庚突然仰倒，被突如其来的心脏病夺去了生命。

1986 年 1 月，蒋南翔心脏病发作，被迫住进医院，在病床上，他度过生命的最后四年。他褪去了所有的官僚道具，还原成一个情感丰富的人。人间的大喜大悲，都因为岁月苍老而显得过于沉重，蒋南翔在悲喜中，或欢笑，或哭泣。

1986 年 3 月，王淦昌、王大珩、陈芳允、杨嘉墀四位清华校友联名给邓小平写信，陈述了发展高科技的迫切需要，中国高科技发展规划由此发端，史称“863 计划”。

两年后，74 岁的蒋南翔去世。弥留之际，他曾叮嘱说：“我一生没留下什么给后人，把我那笔小小的存款交给清华吧，用作奖学金。”

无阻我飞扬

1988 年，北大中文系王瑶教授，提出“清华学派”概念。他说“清华学派”的特点是：第一，既有国学根底，又深切了解西方文化；第二，既不是卫道士，又不是西方文化的搬运夫；第三，有一大批中西会通的著作。

王瑶是清华中文系主任朱自清教授的研究生。十分有趣的是，当年的师生继承关系，既包括继承和光大先生的知识体系，也包括自然不自然学会先生的做派和生活习惯。王瑶不仅继承了朱先生的学问，还继承了他的大烟斗，当然也包括继承和发扬朱先生曾经有过的“清华学派”的意思。

不仅是朱自清和王瑶，清华原文学院院长冯友兰教授也曾有意整理出一个“清华学派”的想法。不过，除了冯友兰、朱自清、王瑶，再没有人呼应过这个主张。理由很简单，清华一百年来学子万千，大家各有各的路数，从来没形成过学理意义上的所谓“学派”。很难说清楚，谱写《同桌的你》的高晓松跟反伪科学的何祚庥院士究竟有什么共通之处。把他们连在一起的唯一纽带，是他们都曾经在清华园学习或工作过。

王瑶

伏明霞是世界闻名的奥运跳水冠军。她在光荣退役后进入清华，她会不会也属于“清华学派”，恐怕不问自知。

物理系毕业生宋朝弟，在清华西校门起步，从小业主变成北京科利华软件集团的董事长。他是企业家，当然也不属于“清华学派”。

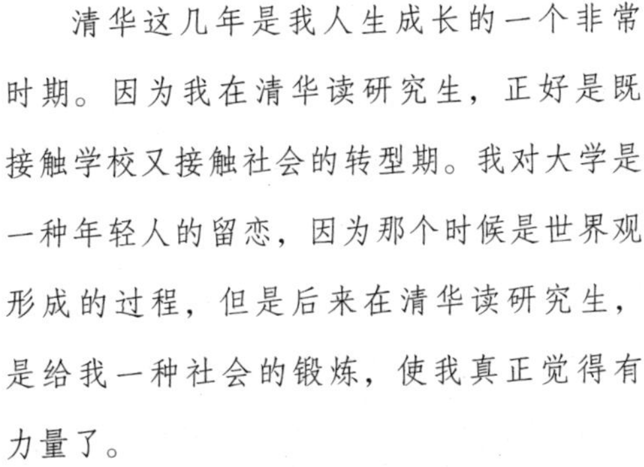
清华这几年是我人生成长的一个非常时期。因为我在清华读研究生，正好是既接触学校又接触社会的转型期。我对大学是一种年轻人的留恋，因为那个时候是世界观形成的过程，但是后来在清华读研究生，是给我一种社会的锻炼，使我真正觉得有力量了。

——原科利华软件集团董事长宋朝弟

宋朝弟笃信量子理论，他发行和宣传《学习的革命》，根本不以内地出版社的既往经验为限。他要投资一亿，流水一亿，让国人瞠目结舌。

对搜狐网，中国人耳熟能详，是它把“风险投资”这个既商业又科技的概念引进中国的。它的主人张朝阳博士是清华物理系81级本科生。

我们这代人是1981年入校的，全是在当时粉碎“四人帮”以后不久，全国上下都在讲“学好数理化，走遍天下都不怕”，号召“向科学进军”。念书不只是为了获取教育，求得一份工作，而是一种理想。念书，念好物理，念好数学，就能探索自然界的奥秘，这是人生中一件很有意义的事情，是一个特别崇高的追求。

——搜狐公司首席执行官张朝阳

张朝阳上学的时候，清华最火热的口号是“从我做起，从现在做起”。这个口号什么时候都有用，却只属于20世纪80年代。

除了音乐家、企业家、社会活动家，清华还出了一大批职业政治家，数目之众不亚于党校。原最高人民检察院检察长贾春旺就是其中一位。贾春旺是20世纪60年代清华工程物理系的毕业生，毕业留校后，曾担任共青团清华委员会书记，直到80年代才离开清华。

1984年，中共海淀区委书记贾春旺回到他熟悉的清华园，拜会老同学倪振伟，动员他投身市场，把清华科研成果直接转化成产品。于是，在清华教了二十六年书的倪振伟，成了中关村第一位投身商海的教授。公司的名字是“海华”，意思是“海淀和清华”，地点在清华照澜院居委会。三年后，教育部规定，在校教师不准办公司。倪教授要么让清华接管海华，要么带走海华跟清华脱钩，而倪教授选择了后者。

从 1992 年开始，我们又转向信息服务，当时主要是搞寻呼业，就觉得清华这些中国的知识分子要为国家做真正贡献，一定要跨出去一步，要把科技转化为生产力，要为社会服务。

——北京海华集团原董事长倪振伟

清华历史上，人人不相同。那是一串串丰富多彩的记忆，丰富中又延续着一线共通。

在早期清华，人人都有一段漂洋过海的历史。在闻一多的召唤下，梁实秋改变留守想法，去美国留学。这位被鲁迅斥为“丧家的资本家的乏走狗”的人，置装之余，还特制一面一丈长的绸缎国旗，理由是，我爱这个国家。

清华原政治系主任张奚若对学生的嘱托是“为正义而申言”。直抒诤言是张先生的终生信条。在 20 世纪 50 年代的“反右”运动中，这位为新政权起了名字的人，被打入冷宫。

在清华自由宽松的环境中，破格事件屡屡发生。

王力是大语言学家，他引进西方科学方法，填补了中国传统语音研究的巨大空白，全面超越了前辈。当他被清华国学院发现时，他根本不具备入学资格。

数学系主任熊庆来发现华罗庚时，情况也是如此，华罗庚在南方一个小城开杂货店，但是清华不拘一格，为中国数学界造出一颗耀眼的明星。

钱锺书 1929 年报考清华外文系，吴晗 1930 年报考清华历史系，数学成绩一个是 15 分，一个是 0 分，但他们的中文和英文成绩奇高，吴晗得了两个满分。罗家伦校长大笔一挥，他们被破格录取!

清华，最初只是工字厅，总面积不及一个小型庄园。但它的历史具有鲜明的扩张性，这种特性在梅贻琦和蒋南翔身上看得更为清楚。抗战胜利后，清华回京复校，如果不是何思源市长反对，梅校长会把整个圆明园纳入清华，而蒋校长向东、向南大规模拓展，终于让清华成了当时全中国面积最大的学校。

清华在 1911 年问世，当年的校长是唐国安，唐校长举荐在外务部供职的侄子唐彝，让他来清华教英文，唐彝后来做了庶务长，把校园治理得井井有条。1923 年，唐彝也推荐自己的侄子唐贯方来清华，唐贯方在图书馆干了七十多年。唐家祖孙三代，敬业爱岗，孜孜以求，全部终老清华。像这样的上阵父子兵，清华史上比比皆是。

父子同爱清华的，还有国学院导师梁启超和建筑系主任梁思成。同为佳话的，还有美学家邓以蛰和核物理专家邓稼先。与邓家比邻而居的，是数学家杨武之和物理学家杨振宁。还有哲学家冯友兰和作家冯钟璞，父女俩都曾把好梦寄放在清华。

戏剧家曹禺病逝前四个月几近失忆，但他清晰地向这个世界说，我是清华大学 1933 级西洋文学系的毕业生。

1947 年，湖南少年朱镕基考进清华电机系电机制造专业。同学们知道他不仅因为他是学生会主席，还因为他酷爱京剧，能拉会唱。1984 年，清华经济管理学院成立，朱镕基兼任院长、教授、博士生导师。他曾深情地写道：“水木清华，春风化雨，教我育我，终生难忘。”

图书在版编目(CIP)数据

风雨北大　水木清华 / 阿忆著. — 北京: 民主与建设出版社，2019.7
ISBN 978-7-5139-2562-4

Ⅰ. ①风… Ⅱ. ①阿… Ⅲ. ①北京大学 - 名人 - 生平事迹②清华大学 - 名人 - 生平事迹　Ⅳ. ①K820

中国版本图书馆 CIP 数据核字（2019）第 149835 号

风雨北大　水木清华
FENGYU BEIDA SHUIMU QINGHUA

出 版 人　李声笑
著　　者　阿　忆
责任编辑　程　旭
监　　制　吴文娟
策划编辑　李甜甜
文案编辑　包　玥
营销编辑　程奕龙
版式设计　李　洁
封面设计　尚燕平
出　　版　民主与建设出版社有限责任公司
电　　话　（010）59419778　59417747
社　　址　北京市海淀区西三环中路 10 号望海楼 E 座 7 层
邮　　编　100142
印　　刷　三河市百盛印装有限公司
开　　本　700mm × 995mm　1/16
印　　张　16.5
字　　数　183 千字
版　　次　2019 年 9 月第 1 版
印　　次　2019 年 9 月第 1 次印刷
书　　号　ISBN 978-7-5139-2562-4
定　　价　58.00 元

注：如有印、装质量问题，请与出版社联系。